ANDREA REIDT

Viel Meer –
Nordfriesische
Inseln und Halligen

LIEBLINGSPLÄTZE
und 11 Ausflüge

ANDREA REIDT

Viel Meer –
Nordfriesische Inseln
und Halligen

WELLEN, WIND UND WEITBLICK

Für Lewin und Jasper

Einige Inselmenschen vermittelten mir in Gesprächen, Vorträgen, Büchern oder Aufsätzen wertvolle Anregungen und Informationen. Ihnen möchte ich herzlich danken: Hartmut Schiller M. A. und Dr. Ekkehard Klatt (Sylt), Georg Quedens (Amrum), Walter Fohrbeck und Helmut Bahnsen (Pellworm), Dipl.-Soz. Harry Kunz und Prof. Dr. Thomas Steensen (Nordfriisk Instituut Bredstedt).

Autorin und Verlag haben alle Informationen geprüft. Gleichwohl wissen wir, dass sich Gegebenheiten im Verlauf der Zeit ändern, daher erfolgen alle Angaben ohne Gewähr. Sollten Sie Feedback haben, bitte schreiben Sie uns! Über Ihre Rückmeldung zum Buch freuen sich Autorin und Verlag: lieblingsplaetze@gmeiner-verlag.de

Sofern hier nicht aufgelistet, stammen die Fotos von der Autorin Andrea Reidt: Max Liebermann: »Badende Knaben«, 1909, Museum Kunst der Westküste 10; Ralf Bernsmann, Oldenburg 12, 22, 68, 72; Peter Hering, Nieblum/Föhr, www.voegel-auf-foehr.de 24, 48, 100, 110, 130, 154, 162; Gabi Paulsen, Galerie Gabi Paulsen, Nebel/Amrum, www.gabipaulsen.de 74; Andreas Dölz, www.andreas-doelz.de 80, 88, 94, 96; Leif Peters 84; Frank Niemeyer, Hamburg 86; Peder Severin Krøyer: »Vier Frauen und ein Mädchen am Meeressaum«, 1894, Museum Kunst der Westküste 114; Oluf Braren: »Späte Haustrauung auf Föhr«, um 1815, verbrannt 1980, Stiftung Historische Museen Hamburg – Altonaer Museum für Kunst und Kulturgeschichte 126; Georg Reynders, Alt-Katholische Kirche Nordstrand 136; Monika Werneke, Wiesbaden, Autorenfoto in der hinteren Umschlaginnenklappe

Besuchen Sie uns im Internet:
www.gmeiner-verlag.de

© 2014 – Gmeiner-Verlag GmbH
Im Ehnried 5, 88605 Meßkirch
Telefon 07575/2095-0
info@gmeiner-verlag.de
Alle Rechte vorbehalten
1. Auflage 2014

Lektorat / Korrektorat: Claudia Reinert
Satz: Julia Franze
Bildbearbeitung / Umschlaggestaltung: Alexander Somogyi
unter Verwendung eines Fotos von: © Undine Aust – fotolia.com
Kartendesign: Kim-Anna Bucher
Druck: AZ Druck und Datentechnik GmbH, Kempten
Printed in Germany
ISBN 978-3-8392-1554-8

1	Alles fließt: Tundra, Eichenwälder, junge Nordsee /// *Nationalpark Schleswig-Holsteinisches Wattenmeer*	13
2	Schweinswale, Seepferdchen und allerlei Seeabenteuer /// *Nordfriesische Utlande*	15

SYLT

3	Das Wandern ist der Düne Lust /// *Sylter Sahara*	21
4	Wilde Wikingerkerle und ihr Silberschatz im Kuhhorn /// *Listland*	23
5	Im Land der Eierkönige und Vogelnistplätze /// *Königshafen*	25
6	Wo Georg Jürgen heißt, spielt die Orgelmusik /// *List – Sankt Jürgen*	27
7	Maaki die Biiki ön! Ein Fest für die Heimat /// *List – Bükebrennen*	29
8	Die Sylter Dünenrose und ihre Lieblingsfeindin Rugosa /// *List – Erlebniszentrum Naturgewalten Sylt*	31
1/11	Auf Piratentörn oder Seehundfahrt ins Lister Tief /// *Unterwegs mit Gret Palucca und Rosa Paluka*	33
9	Einsame Idylle mit Salzwiesenschafen und viel Sand /// *Nehrungshaken Ellenbogen*	35
2/11	Ein Walknochenzaun als dänisches Naturdenkmal /// *Rømø – Strand*	37
3/11	Als Wotan vom heiligen Ansgar vertrieben wurde /// *Ribe – Altstadt*	39
10	Zwischen Austern und Asphalt an Abbruchkanten /// *Blidselbucht*	41
11	Brandungsbaden – die ultimative Gesundheitsdroge /// *40 Kilometer Weststrand*	43
12	Tänze am Strand, viel Musik, Hüttenromantik /// *Klappholttal – Akademie am Meer*	45
13	Zwischen Kliffende und Kupferkanne: Kunst, Kunst, Kunst /// *Kampen*	47
14	Naturoase inmitten Krähenbeere, Glockenheide, Besenheide /// *Braderuper Heide*	49

4/11	Einen Steinwurf weit übers Meer bei Prinzens zu Hause /// *Møgeltønder*	51
15	Wo die Post abging und der Raddampfer aus Hoyer anlegte /// *Munkmarsch*	53
16	Packeis, Schnee, steifer Ostwind, sternklare Nacht /// *Winterwattweg von Keitum nach Munkmarsch*	55
17	Wo alte Walfänger sich die müden Knochen wärmten /// *Keitum*	59
18	Kirche am Kliff steht auf Kultstätte für Freya /// *Keitum – Sankt Severin*	61
19	Zehn Millionen Jahre Erdgeschichte an einem Tag /// *Morsum-Kliff*	63
20	Wo Gottvater über den toten Sohn wacht /// *Morsum – Sankt Martin*	65
21	Katholischer Gottvater krönt Himmelskönigin Maria /// *Alt-Westerland – Dorfkirche Sankt Niels*	67
22	Waterkant wörtlich: Am Weststrand Energie auftanken /// *Westerland – Weststrand*	69
23	Sylter Welle rettet Laune ab Windstärke 6 /// *Westerland – Syltness*	71
24	Geht Sylt durch Klimawandel unter? 150 Jahre Buhnen /// *Hörnum Odde*	73

AMRUM

25	Schleswig in Seenot und gierige Strandvögte /// *Wittdün – Am Leuchtturm*	77
26	Abstrakte Naturgemälde aus Watt, Marsch und Geest /// *Wittdün – Blick vom Leuchtturm*	79
27	Das Rätsel um das U-Boot-Loch /// *Wittdün / Steenodde – Seezeichenhafen*	81
28	Strand so weit das Auge blickt – ein Geschenk der Natur /// *Kniepsand*	83
29	Kniepianer vor Kapitän in Sicht /// *Wittdün – Strandbudenkolonie*	85

30	Schneetreiben und eisiger Schabernack /// *Nebel – Strand*	87
31	Fantasien von Flaneuren: Wohnen unter Reet /// *Nebel – Dorf*	89
32	Als der Tod sich ihrer alten Hütte näherte /// *Nebel – Friedhof Sankt Clemens*	91
33	Im Meer geblieben, namenlos begraben /// *Nebel – Heimatlosenfriedhof*	93
34	Christlicher Muslim: der Osmane von Amrum /// *Süddorf*	95
35	Beachboys, Badegäste, blau gestreift /// *Norddorfer Strand*	97
36	Den Menschen ein Wohlgefallen – den Sturmmöwen auch /// *Norddorf – Dünenweg*	99
37	Nach dem Vogelkiek Pflaumensahnetorte /// *Amrumer Odde*	101
38	Ferien als Waldarbeiter auf Amrum /// *Amrumer Wald*	103

FÖHR

39	Meeresbusse tragen Touris tidenabhängig zur Trauminsel /// *Wyk auf Föhr – Hafen*	107
40	Königs Sommerfrische, Nordseewalzer und mondänes Leben /// *Wyk auf Föhr – Strand*	109
5/11	In Wald und Teich – wo Lockvögel als Todesengel fett werden /// *Boldixumer Entenkoje*	111
41	Friesische Dorfidylle mit Wiesenkathedrale /// *Süderende – Sankt Laurentii*	113
42	Munch, Nolde, Liebermann – Nordseegemälde auf Weltniveau /// *Alkersum – Museum Kunst der Westküste* ..	115
43	Vom Dorfgasthof zum skandinavischen Herrenhaus /// *Alkersum – Grethjens Gasthof*	117
44	Wattritt ins weite Glück dieser Erde /// *Alkersum – Reiterhöfe und Gestüte*	119

45	Im Friesendom rückt Johannes der Täufer Herodes zu Leibe /// *Nieblum*	121
46	Wo der Fluss vor dem Meer zurückweicht /// *Witsum – Traumstraße und Godelniederung*	123
6/11	Im nackten Nirgendwo zwischen Himmel und Erde /// *Von Dunsum übers Watt zur Amrumer Odde*	125
47	Tragische Lebensgeschichte – der naive Maler Oluf Braren /// *Oldsum*	127
48	Grüner grünt's nicht auf Föhrs Marschwiesen /// *Marschland im Norden*	129
49	Mehr Wasser in die Marsch! /// *Midlum – Elmeere und Andelhof*	131
7/11	Entdeckungen der Langsamkeit beim Lusttrampeln übers Eiland /// *Föhr umrunden – fünf Radtouren*	133

NORDSTRAND

50	Progressiver Altkatholik predigt für Ungläubige und Zweifler /// *Nordstrand – Theresiendom*	137
51	Töpfern wie in Rungholt und Rosenkonfitüre zum Frühstück /// *Nordstrand – Süden*	139
8/11	Halligwartin reitet zur Arbeit sieben Kilometer durchs Watt /// *Mit der Pferdekutsche von Nordstrand nach Hallig Südfall*	141

DIE HALLIGEN

9/11	Übers Watt ins wüste Moor /// *Vom Beltringharder Koog zur Hallig Nordstrandischmoor*	145
52	Wie Träume im Nebel auf dem Meer – die kleinen Halligen /// *Süderoog, Norderoog, Habel, Hamburger Hallig*	147
53	Die Marcellusflut, die Halliggräfin und die Okarinaflöte /// *Hallig Südfall*	149
54	Als der Wind drehte und der dänische König Hurra schrie /// *Hallig Hooge – Hanswarft*	151

55	Die Stille nach dem Touristenansturm ist ein Geschenk /// *Hallig Hooge – Backenswarft und Kirchwarft*	153
56	Wikinger vor Hooge und tierische Begegnungen /// *Hallig Hooge Watt*	155
57	Die halligste Marsch: viel Strandflieder und viel Landunter /// *Hallig Gröde-Appelland*	159
58	Vom allmählichen Verschwinden der Namen /// *Hallig Nordmarsch-Langeneß(-Butwehl)*	161
59	Der Löffler löffelt gar nicht /// *Hallig Oland*	163

PELLWORM

60	Wo das Watt sich breit macht, müssen Schiffe weichen /// *Fähranleger Pellworm*	167
61	Warten aufs Wasser am Grünstrand /// *Pellwormer Badestellen*	169
62	Der schiefe Turm von Pellworm /// *Alte Kirche Sankt Salvator*	171
63	Ökologisch alte Hasen – energetisch freie Friesen /// *Friesenhöfe*	173
64	Zwei Schwarzwälder reif für die Insel: erster offener Garten /// *Clausenhof Waldhusentief*	175
10/11	Fischreuse, Flussbett, Fething: Kulturlandschaft im Watt /// *Norderkoog*	177
65	Schätze versunkener Welten, die das Watt freigibt /// *Rungholt-Museum*	179
66	Warften aus Klei und Torfresten zum Schutz vor den Fluten /// *Inselmuseum*	181
11/11	Warum Pellworm die schönste Insel der Welt ist /// *Radtour um Pellworm herum*	183

Karte	186
Register	188

VOGELWART DES VEREINS JORDSAND E. V., SCHUTZSTATION ///
AM TORBOGEN 7 /// 25980 RANTUM /// 0 15 20 / 5 92 59 28 ///
WWW.JORDSAND.EU ///

LANDESBETRIEB FÜR KÜSTENSCHUTZ, NATIONALPARK UND
MEERESSCHUTZ SCHLESWIG-HOLSTEIN, NATIONALPARKVERWALTUNG ///
SCHLOSSGARTEN 1 /// 25832 TÖNNING /// 0 48 61 / 61 60 ///
WWW.NATIONALPARK-WATTENMEER.DE/SH ///

ALLES FLIESST: TUNDRA, EICHENWÄLDER, JUNGE NORDSEE

Nationalpark Schleswig-Holsteinisches Wattenmeer 〔1〕

Wenn ich der mal sanften, mal stürmischen Musik der Wellen am Sylter Weststrand lausche, denke ich oft daran, dass dort, wo sich das Wasser ohne Landsicht weit zum Horizont zieht, einmal Mammuts, Rentiere und Pferde in einer subarktischen Tundra zu Hause waren und von Jägern aufgespürt wurden. Die amphibische Landschaft aus Wattenmeer, Inseln, Halligen und Sandbänken, die wir heute kennen, besteht erst seit 9000 Jahren. Als das letzte Stündlein der Eiszeit schlug, es um neun Grad wärmer wurde, die Gletscher abschmolzen, der Meeresspiegel um etwa 140 Meter stieg, endete die Urnordsee noch 300 Kilometer westlich des heutigen Sylt. Pellworm wurde nach Meinung einiger Forscher um 6400 v. Chr. überflutet. Das Wattenmeer bildet sich seit etwa 4000 Jahren in Form von Flachwasserlagunen im Schutz der Nehrungen aus, damals war Sylt vielleicht eine von Eichenwäldern bedeckte Halbinsel. Aus dieser Zeit stammen Hunderte Megalithgräber, von denen heute nur noch wenige erhalten sind – etwa in der westlichen Kampener Heide neben dem Quermarkenfeuer.

Zwischen 2000 und 1000 v. Chr. sinkt der Meeresspiegel wieder um mindestens zwei Meter. 200 n. Chr. hängen Föhr und Amrum vermutlich noch an einem Festland, dessen Rand aus Hochmooren, Schilfsümpfen und Seen besteht. Ab dem 12. Jahrhundert werden Deiche gebaut, Moore entwässert. Priele verbreitern sich, Sturmfluten wüten – und große Teile einer mittlerweile dicht besiedelten Kulturlandschaft verschwinden in Katastrophenfluten. Von den beiden ›Groten Mandränken‹, der Marcellusflut 1362 und der Buchardiflut 1634, sowie namenlosen anderen Sturmfluten sind die Utlande heftig betroffen.

Dieses flache Meer, der launische ›Blanke Hans‹, bestimmt den Rhythmus und die Wirtschaftsgeschichte der nordfriesischen Welt im größten Nationalpark zwischen Nordkap und Sizilien bis heute.

- Naturliebhabern sei der Rundwanderweg (9 Kilometer) um die eingedeichte Bucht des Sylter Rantumbeckens empfohlen; idealer Aussichtsplatz, um Vögel zu beobachten.

SCHWEINSWALE, SEEPFERDCHEN UND ALLERLEI SEEABENTEUER

Nordfriesische Utlande

2

In lauen Sommernächten, bei ruhigem Wellengang und leichtem Wind, entsteht dank der Bläschen des Zooplanktons ein wundersames Meeresleuchten. Wer davon erzählt, trägt dessen Glanz selbst in den Augen. Wer ständig am Meer lebt(e), wird selten von romantischen Gefühlen erfasst. Ein Pflug und ein Schiff – alte Symbole für Nordfriesland, Sinnbilder für Landwirtschaft und Seefahrt. Land im Meer. Die Utlande des Mittelalters, amphibische Außenlande des ›festen‹ Landes, in hügeliger, langsam verlandender nacheiszeitlicher Moränenlandschaft gelegen, waren ein politisches Gebilde des dänischen Königreichs. Die frühen Missionskirchen der Utlande stehen an germanischen Thingplätzen, die exakt gleich weit voneinander entfernt sind. Von Sankt Severin in Keitum über Sankt Johannis in Nieblum, Sankt Salvator auf Pellworm verläuft eine gerade Linie, sie endet bei Sankt Magnus in Tating auf Eiderstedt.

Kirchenbauten, Natureinflüsse und Wirtschaftsgeschichte sind eng verknüpft. War der Untergang der Stadt Rungholt, die wahrscheinlich im Gebiet der heutigen Hallig Südfall lag, eine Strafe Gottes? Um das 1362 in der Tiefe versunkene Atlantis der Nordsee ranken sich allerhand Legenden, Dichtungen und Deutungen. Der Meeresgrund übt auf viele Menschen dieselbe Faszination aus wie die dunkle Seite des Mondes oder das Leben auf anderen Planeten. Immerhin hat Rungholt wirklich existiert, die Stadt gehörte zu den wohlhabenden Steuerzahlern im dänischen Hoheitsgebiet.

Heutzutage kann Sylt in Sachen Reichtum die Pole Position für sich in Anspruch nehmen: Die Insel erwirtschaftet acht Prozent des Bruttosozialprodukts von ganz Schleswig-Holstein. Allein Kampens Immobilienmarkt erzielt den höchsten Return on Investment Deutschlands. Auf den rund 100 Quadratkilometern der beliebtesten Ferieninsel der Deutschen werden jährlich 400 bis 600 (keineswegs nur baufällige) Häuser abgerissen, um luxuriösere zu errichten, berichtet der Geologe Ekkehard Klatt. Als Baugutachter und Experte für Bodensanierung weiß der Sylter, wovon er spricht.

Der Mann bewohnt übrigens sein Elternhaus in Westerland selbst. Anderen Erben bleibt keine Wahl außer Verkauf, wenn Geschwister ausgezahlt werden müssen. Sylt ist eine Marke, an der wenige sehr viel und viele ganz ordentlich verdienen, auch manch einer der 5.000 Pendler, die täglich über den Hindenburgdamm zum Arbeiten kommen. Von nachhaltigem Tourismus allerdings scheint man weit entfernt zu sein – Hut ab vor den Amrumern, Föhrern, Pellwormern und Halligleuten, die auf diesem Gebiet offenbar mehr Glück und Verstand haben.

Raubbau an der Substanz ist nichts Neues. Schaufelten sich die Insulaner nicht bereits ihr eigenes Grab, als sie die Landschaft der mittelalterlichen Utlande mit Torfabbau zur Gewinnung des begehrten Friesensalzes im großen Stil ausbeuteten, wodurch das tiefer gelegte Land von vordringenden Prielen überschwemmt wurde? Die Wissenschaftler des Projekts Küstenatlas um den Geoarchäologen Dirk Meier verneinen das: Die großen Landverluste gehen ihrer Ansicht nach nicht allein auf den Menschen und seine Wirtschaftsweise zurück, die Natur selbst habe sie verursacht. Die Rungholter hatten ihre Siedlung demnach unwissentlich über einem tiefen eiszeitlichen Tal errichtet, das das Meer in Jahrtausenden mit losen Sedimentschichten überdeckte und verbarg.

Nach Ende des Torfabbaus verlegten sich die Inselfriesen für 300 Jahre auf eine andere Form der Ausbeutung, den Walfang, wodurch der ostatlantische Nordkaper praktisch ausgerottet wurde. An der Küste einem Wal zu begegnen, ist so gut wie ausgeschlossen, auch wenn gelegentlich mal ein toter Pottwal auf Pellworm strandet. Dafür sichtet man im Walschutzgebiet Sylter Riff die meisten Schweinswale der deutschen Nordsee. Sie paaren sich und kalben hier. Auch Kegelrobben bekommen auf Sandbänken vor Amrum ihren Nachwuchs. Einige Tausend Seehunde durchwandern die See zwischen ihren Fress-, Ruhe- und Paarungsplätzen. Sie zu jagen ist an der deutschen Küste verboten, die 34 Seehundjäger Schleswig-Holsteins sammeln vorwiegend verlassene Heuler ein und bringen sie in die Seehundstation nach Friedrichskoog. Als praktisch ausgestorben gelten Seepferdchen, weil es in der Nordsee kaum noch Seegraswiesen gibt, an denen die Tierchen sich festklammern, um nicht von der Strömung weggerissen zu werden.

Mag das touristische Sylt-System irgendwann kollabieren, so wird die Insel trotzdem so schnell nicht untergehen, meint Ekkehard Klatt: »Jeder Deich der Welt kann brechen, aber die Geest bleibt!« Jedoch könnte es enger werden im Ferienparadies. Die ›aktiven‹ Kliffs auf Sylt, das Weiße vor Braderup und das Rote vor Kampen, opfern der See bei jeder Sturmflut ein wenig von ihrem Steinkapital. Die Tide tut ihre Arbeit, sie nimmt und gibt. Immerhin entstanden auf diese Weise die friesischen Nordseeinseln – alles Sandbänke, mit Ausnahme von Texel in Holland, Föhr, Amrum und Sylt, die über einen Geestkern verfügen. Helgoland fällt aus dem Rahmen, das Eiland entstand als Bruchstück einer tiefer liegenden Gesteinsscholle, das durch aufsteigendes Salz nach oben gepresst wurde.

Die Balance zu halten zwischen Naturschutz, Artenvielfalt, Landschaftspflege, Wirtschaftsinteressen und Lebensqualität bleibt allemal eine schwierige Aufgabe. Die vielleicht wichtigste Rolle spielt dabei der Küstenschutz, für den das Land laut Umweltministerium mehr als 60 Millionen Euro im Jahr ausgibt. Der Meeresspiegel steigt, neue Sturmfluten könnten vor allem die Halligen bedrohen. Zwar sind die Halligleute es gewohnt, dass ihre Umgebung mehrmals im Jahr von Wasser überflutet wird und man sich nur noch auf der eigenen Warft bewegen kann. Jedoch ist Landunter ›der kleine Bruder der gefährlichen Sturmfluten‹, heißt es im Magazin ›Wir Halliglüüd‹. Andererseits: Durch die Überflutungen gewinnen die Halligen neues Sediment aus Sand und Schlick. »Ohne Landunter würden sie vom Regen ausgewaschen und allmählich verschwinden. Wären sie eingedeicht, würden sie wie Pellworm nach kurzer Zeit unter dem Meeresspiegel liegen«, erläutert Geologe Klatt.

🐚 Das Wattenmeer ist das vogelreichste Gebiet Europas, von Den Helder bis Esbjerg die größte Wattlandschaft der Welt, seit 2009 UNESCO-Weltnaturerbe.

DAS WANDERN IST DER DÜNE LUST
Sylter Sahara 3

Blick übers Watt vom Hindenburgdamm aus bei klarem Wetter: Im fernen Listland schimmern weiß die Wanderdünen. Der Blidselbucht vorgelagert türmen sie sich über 30 Meter hoch auf. Das Gebiet der drei Sandkolosse wird auch ›Sylter Sahara‹ genannt, eine Assoziation, die bereits Thomas Mann formulierte, der auf Sylt in den 20er-Jahren dreimal Ferien machte.

Die Lister Dünenlandschaft gehört zum 1923 ausgewiesenen Naturschutzgebiet Nord-Sylt, größtes der Weimarer Republik. Der wichtigste Vorkämpfer des Naturschutzes auf der Insel, Ferdinand Avenarius (1856–1923), schrieb 1913 in der einflussreichen Kulturzeitschrift ›Kunstwart‹: ›Meer rechts, Meer links, dazwischen aber über schön geschweifter Bucht, wie ein fernes Hochgebirge, das größte Dünengebiet Deutschlands‹. Avenarius gilt als Schutzpatron der nördlichen Sylter Nehrung, die durch diese frühe politische Entscheidung vor Bausünden gerettet wurde. Nach geologischen Kriterien verfügt die Insel Sylt über zwei Nehrungen, schmale Sandhaken nördlich und südlich des sogenannten Geestkerns im Dreieck Westerland, Keitum, Kampen. Die Nehrungen ziehen sich bis zur Ellenbogenspitze und bis zur Hörnum Odde. Noch vor 200 Jahren waren beide Nehrungen mit Wanderdünen bedeckt.

Es ist kein Zufall, dass es auf Sylt nunmehr keine anderen Wanderdünen gibt. Küstenschützern ist daran gelegen, alle Sandberge ›ortsfest‹ zu machen, allmählich mit Sandfangzäunen, Strandhafer und Heide in Grau- und Braundünen zu verwandeln. Durch den häufigen Westwind kann sich eine niedrige, unbewachsene Weißdüne jedes Jahr um mehrere Kilometer fortbewegen! Die Respekt heischenden hohen Sandberge im Listland schaffen ›nur‹ vier bis fünf Meter jährlich. Kleine Primärdünen, die der Wind aufweht, stattet man in der Uferzone mit Strandpflanzen aus, damit sie gar nicht erst zu wandern beginnen.

> Die Wanderdünen darf man nicht betreten, im Gegensatz zur befestigten Uwe-Düne bei Kampen: Mit 52 Metern ist sie die höchste Erhebung, eine Holztreppe führt hinauf.

WILDE WIKINGERKERLE
UND IHR SILBERSCHATZ IM KUHHORN
Listland

Die drei Heidearten Krähenbeere, Glockenheide und Besenheide prägen nicht nur die Braderuper Heide, sondern auch die Braundünen des Listlandes. Von Mai bis Oktober leuchten die Sandhügel in lilavioletter Färbung, ein Bild, das sich täglich mit wechselndem Licht und variierter Witterung verändert.

Die Gegend wirkt unbehaust, dieser Eindruck täuscht: Das Listland ist Wikingerland und war wegen seiner exponierten Hafenlage militärisch interessant. Wahrscheinlich siedelten die Wikinger hier zwischen dem 8. und 11. Jahrhundert. Einen Beweis für die einstige Anwesenheit der nordischen Kaufleute und Krieger liefert ein bedeutender Münzfund, der 1937 südlich des Königshafens gemacht wurde: ein Kuhhorn, gefüllt mit englischen Silbermünzen, geprägt mit den Namen der Könige Æthelred und Sithric III. von Dublin, die beide um die Jahrtausendwende regierten. Es handelt sich angeblich um Erpressergeld, das die Wikinger bekamen, um auf die geplante Plünderung Londons zu verzichten. Zu besichtigen ist der Schatz leider nicht auf Sylt, sondern im Archäologischen Landesmuseum Schleswig.

1292 schenkte der dänische König Erich Menved die Dünenlandschaft zwischen Kampener Vogelkoje und Ellenbogen der Stadt Ribe. Knapp 600 Jahre blieb der nördliche Teil Sylts dänisch. Im 16. Jahrhundert schickte man einen Strandvogt ins Listland. Dieser hatte zwei Erben, die ihre Höfe jahrhundertelang ohne Teilung weitervermachten, sodass das gesamte gut 1.900 Hektar umfassende Territorium heute noch im Besitz von zwei Familien ist, eine dreißigköpfige Erbengemeinschaft. Noch im Jahr 1863 ließ Dänemark in List eine Schule bauen. Ein Jahr später fiel das Listland als Folge des Deutsch-Dänischen Krieges an den Deutschen Bund. Fortan feierten die Sylter am 18. August den Geburtstag des österreichischen Kaisers Franz Josef mit Umzügen, Bällen und Feuerwerk.

Renate Neumann, Fachtrainerin für Authentisches Medizinisches Qi Gong und Klangtherapie, schult und behandelt mit Gongs, Stimmgabeln und Übungen.

JUGENDHERBERGE LIST MÖVENBERG /// 25992 LIST ///
0 46 51 / 87 03 97 /// WWW.LIST.JUGENDHERBERGE.DE ///

IM LAND DER EIERKÖNIGE UND VOGELNISTPLÄTZE

Königshafen

⑤

Der Königshafen erhielt seinen Namen im Dreißigjährigen Krieg, als der dänische König Christian IV. in einer Seeschlacht gegen die niederländisch-schwedische Flotte siegte – angeblich durch einen cleveren Schachzug: Die Schiffe konnten wegen der einsetzenden Ebbe den Hafen nicht mehr verlassen. Heutzutage wird streng auf den Naturschutz geachtet, allerdings dürfen im Sommer Kitesurfer auf der Nordseite trainieren. Der südliche Königshafen geht in den Lister Koog über, eine mit Hilfe eines Sommerdeiches geschaffene landwirtschaftliche Fläche, in der jetzt Graugänse, Kiebitze und andere Vögel nisten. Die vorgelagerte Sandbank Uthörn dient ganz dem Vogelschutz und darf nicht betreten werden.

In früheren Zeiten beneideten Nachbarn die Listländer. Denn sie lebten außer von Austernfischerei und Schafzucht vom lukrativen Handel mit Möweneiern – auf die sie höllisch aufpassten. Immerhin legten die Vögel im Listland bis zu 70.000 Eier im Jahr, ein wichtiger Wirtschaftsfaktor. Selbst von Rømø sollen sich Däninnen zum Eierstehlen übers Meer angepirscht haben. Kein Wunder: Ein Möwenei oder ein Brandgansei war dreimal so viel wert wie ein Hühnerei. Deshalb ernannten die Listlandpächter traditionell einen ›Eierkönig‹, der in einer ›Eierhütte‹ auf dem Ellenbogen wohnte und das Territorium scharf bewachte.

Der Legende nach, wie Inselchronist C. P. Hansen im 19. Jahrhundert notiert, gab es im 17. Jahrhundert einen besonders erfolgreichen Eierkönig. Lille Peer soll außerordentlich stark gewesen sein und mit drastischen Methoden gegen Eierdiebe gekämpft haben, beispielsweise versenkte er ihre Boote. Weil er so rabiat vorging, machte er sich Feinde, und eines Tages wurde sein vierjähriger Sohn von der Insel verschleppt. 14 Jahre später rettete Lille Peer einem jungen Seemann, dessen Schiff gestrandet war, das Leben – seinem Sohn!

☞ Am südwestlichen Rand des Königshafens liegt die große Jugendherberge Mövenberg mit eigenem Jugendstrand. Weitere Herbergen gibt es in Westerland und Hörnum.

EVANGELISCHE KIRCHE SANKT JÜRGEN /// KIRCHENWEG /// 25992 LIST /// 0 46 51 / 9 36 36 53 /// WWW.KIRCHE-AUF-SYLT.DE/LIST ///

FRIEDHOF LIST /// FRIEDHOFSWEG (HINTER MÖVENBERGSTRASSE) /// 25992 LIST ///

WO GEORG JÜRGEN HEISST, SPIELT DIE ORGELMUSIK
List – Sankt Jürgen

Rund 1.600 Menschen wohnen ständig in List, der nördlichsten Gemeinde Deutschlands, nicht eingerechnet die 1.100 Zweitwohnungsbesitzer samt Anhang. Man kann sich kaum vorstellen, dass List vor gut 100 Jahren ein Weiler mit 13 Häusern für 70 Bewohner war. Da es keine eigene Dorfkirche gab, wanderte man mehrere Stunden am Watt entlang auf dem ›Konfirmandenweg‹ zur Keitumer Kirche; in früheren Jahrhunderten ging es übers Meer zum Gottesdienst auf Rømø. Die einstige Inselbahn verband List von 1910 bis 1970 mit Westerland, die erste Fahrstraße nach List wurde erst 1934 gebaut.

In dieser Zeit erlangte der Militärstützpunkt einigen Ruhm, weil der Flugpionier Wolfgang von Gronau 1930 von List aus mit einem Wasserflugzeug über Grönland nach New York flog – entgegen seinem Auftrag. Eigentlich sollte der Leiter der Verkehrsfliegerschule List die Maschine nur zum Nordkap lenken. Der tollkühne Flieger ruht auf dem Lister Friedhof. Oberhalb, in den Dünen des Mannemorsumtals, lag die alte Siedlung Lystum, die in der verheerenden Marcellusflut von 1362 unterging. Die damalige Kirche ›Sunt Jürgen‹ verschwand in der Allerheiligenflut von 1436. Jürgen? Ein Heiliger? Na klar: Der Heilige Georg heißt im niederdeutschen Sprachraum Jürgen.

Erst 1935 erhielt das Dorf ein neues Gotteshaus Sankt Jürgen, zunächst diente es der Marine als Garnisonskirche. Der Altarraum des äußerlich unscheinbaren Backsteingebäudes entfaltet eine besondere Atmosphäre. Dies mag an den aus den Dünen geborgenen mittelalterlichen Mauersteinen liegen, auf denen der Altarblock ruht, oder am goldenen spätgotischen Kruzifix, eine Spende der Keitumer Gemeinde. Wahrscheinlich entsteht die meditative Stimmung durch die schlichte, farblich dezente Gestaltung des Kirchenraumes, aus dem bei der Sanierung die kräftigen Farben und jegliches Beiwerk verschwanden.

- Die kostbare Orgel von Sankt Jürgen errichtete der westfälische Orgelbaumeister Dieter Bensmann mit barocken Handwerkstechniken.

MAAKI DIE BIIKI ÖN! EIN FEST FÜR DIE HEIMAT
List – Biikebrennen

»Schöne Biike!« Wo Sylter sich in den Tagen vor dem 21. Februar begegnen, ist dieser Wunsch zu hören. Der Brauch des Biikebrennens, bei dem man riesige Holzhaufen anzündet, geht auf germanische Ursprünge zurück. Man opferte das auf den Inseln knappe Feuerholz, um die Götter gnädig zu stimmen. Auf Sylt lodern neun Biikefeuer, in der Region werfen mehr als 60 Biiken ihren Schein weit übers flache Land und Meer. Der erste Höhepunkt des Ereignisses ist erreicht, wenn der Befehl ertönt: »Maaki di Biiki ön!«, dann fliegen Fackeln auf den Stapel Weihnachtsbäume, Gartenschnitt und Strandgut. Und wenn das auf einem Pfahl befestigte Teerfass oder die Strohpuppe Feuer fängt, entsteht das mystische Lichtzeichen, auf das alle warten, die Bake oder Biike.

In katholischer Zeit wurde aus der Biike ein Fastnachtsfeuer. Der Thing tags darauf, an dem Gericht gehalten, Verträge geschlossen, Testamente aufgesetzt wurden, blieb als Petritag erhalten. Bis heute ist am ›Piddersdai‹ auf Sylt schulfrei. Im 19. Jahrhundert wandelte sich die Bedeutung des Biikefestes: Es wurde ein Symbol der Heimatliebe. Dazu trug wesentlich der Inselchronist C. P. Hansen als Verfechter des Sylter Heimatbewusstseins bei.

»Die Biike ist ein identitätsstiftendes Fest, ein Bekenntnis zur Insel«, sagt Historiker Hartmut Schiller. Er bezieht dabei auch Gäste ein, eine Meinung, die nicht alle Sylter teilen. Tatsächlich zählt die Biikewoche zur Hochsaison, viele Touristen erfreuen sich an den Ritualen: nachmittags heiße Butterwecken essen, abends Fackel von Sankt Jürgen zum hohen Stapel tragen, der romantischen Sylthymne lauschen (›Wü bliiv truu Söl'ring Liren‹), Flachmann austauschen, Streit begraben (Thing!). Die Flammen haben etwas Berührendes, sie gießen ein Schweißband zwischen Menschen und Insel. Man merkt es erst Tage später – mystisch!

In jeder Familie und jedem Restaurant der Insel gibt es am Biikeabend Grünkohl mit Bauchspeck, Würzwürsten und süßen Kartoffeln zu essen.

DIE SYLTER DÜNENROSE UND IHRE LIEBLINGSFEINDIN RUGOSA

List – Erlebniszentrum Naturgewalten Sylt

Ihr schwerer, süßer Duft, von einer leichten Brise über Hunderte Meter durch die Lüfte geweht, überwältigt und betört die Sinne. Augen schließen, Aroma in die Lungen schlürfen – ja, wir sind da. Eine Déjà-Vu-Empfindung, die Marcel Proust in seiner berühmten Madeleine-Episode als ein unerhörtes Glücksgefühl beschreibt. Er vergleicht den Moment, als das in Tee getauchte Gebäck seinen Gaumen berührt, mit einem starken Liebeserlebnis.

Uns strömt die Sensation nicht über die Geschmacksnerven, sondern über den Geruchssinn zu. Rosa Rugosa, die Vielnamige: Kartoffelrose, Apfelrose, Bunkerrose – oder Sylt-Rose, weshalb sie oft als inseltypische Pflanze wahrgenommen wird. Dabei stammt die meist hellrot, selten weiß blühende Wildrose von der ostsibirischen Halbinsel Kamtschatka. Sie hat Kritiker trotz ihrer nützlichen Eigenschaften als widerstandsfähige, pflegeleichte Zierde, die mit schwierigen Bodenverhältnissen fertig wird, Wind und Salz erträgt.

Der robusten Rose aus Sibirien gefällt das norddeutsche Seeklima ausgesprochen gut. Sie kennt nämlich nur einen einzigen Feind: den pflanzenvernichtenden sibirischen Frost, der sich für Monate tief in die Erde gräbt. Auf Sylt können sich die Wurzeln der Rugosa ganz schön breit machen. Die Hagebutten fressenden Vögel dienen der Kamtschatka-Rose als praktische Samenverteiler, sodass sie inzwischen allerhand Heidegebiete Sylts überwuchert. Sie verdrängt nach und nach heimische Wildrosenarten, vor allem die Rose Bibernell, die sich ihren Beinamen Dünenrose durch jahrhundertelange Treue verdient hat. Die Wurzeln der salzverträglichen, hitze-, dürre- und windfesten Rosa Spinosissima klammern sich tief in Graudünen fest und dienen somit dem Küstenschutz. Allerdings – Madame Rugosa wächst schneller.

Das großartige Erlebniszentrum Naturgewalten zeigt, wie Kegelrobben, Muscheln, Krebse, Vögel und mehr als 650 Sylter Pflanzenarten ums Überleben kämpfen.

AUF PIRATENTÖRN
ODER SEEHUNDFAHRT INS LISTER TIEF
Unterwegs mit Gret Palucca und Rosa Paluka

Das Lister Hafengebiet trug bis zum Jahr 2003 auch den Beinamen ›List-Vegas‹, weil es Spielhallen und Pommesbuden gab, nachts bunte Neonreklame aufschien. Seit der Sanierung zeigt sich der Hafen in sanfterem, weniger mondänem Licht. Umtriebig ist er nach wie vor. Zwischen Fähranleger mit Ausflugskuttern und Segelbooten zu Wasser, den Restaurants der ›nördlichsten Fischbude Deutschlands‹ Gosch, Eisständen, Souvenirshops und Textilläden zu Lande tummeln sich in der Hochsaison mehr Menschen als Möwen. Kindergruppen und Familien kämpfen sich durch die Massen. Sie sind auf dem Weg zur Gret Palucca, vielleicht dem einzigen Nordseekutter, der den Künstlernamen einer berühmten Tänzerin trägt.

Das mehr als 70 Jahre alte Boot der Insel- und Halligreederei Adler-Schiffe dient seit Jahrzehnten als Piratenschiff für nachmittägliche Abenteuerseefahrten, alle Mitfahrer selbstverständlich in voller Montur als Seeräuber getarnt. Legendär sind die Ausflüge zu den Seehundbänken im Lister Tief zwischen Sylt und Rømø, auf denen ein knorzig-friesischer Seebär den staunenden Kindern (und ebenso staunenden Erwachsenen) am lebenden Objekt die verschiedenen Seetierarten erklärt. Die Seesterne, Krabben und Krebse werden im Netz eingeholt, in einen breiten Bottich gekippt und nach den Erklärungen (mit Anfassen!) wieder ins Meer versenkt. Der schlagfertige friesische Seemann Peter Gerhardt in blauer Latzhose und gestreiftem Matrosenhemd übernimmt diese Rolle mit Witz und Verstand, an dem sich mancher Biologielehrer abgucken könnte, wie man eine gelangweilte Klasse auf Trab bringt. Kinder lieben ihn und lauschen ihm ehrfürchtig. Bei Piratentörns spielt der Mann einen wilden Freibeuter.

Die Gret Palucca erreicht 16 Stundenkilometer und einen Tiefgang von 2,11 Metern, die Ausfahrzeiten sind tidenabhängig.

> Der nach Grets Mutter benannte alte Kutter Rosa Paluka in der Lister Flotte mit knallrotem Rumpf schafft 7,5 Stundenkilometer und 1,33 Meter Tiefgang.

EINSAME IDYLLE
MIT SALZWIESENSCHAFEN UND VIEL SAND
Nehrungshaken Ellenbogen

Der Sylter Ellenbogen ist eine Art Nordkap Deutschlands. Der eigenwillig geformte Haken gehört zum Listland, ist also in Privatbesitz, deshalb müssen Autofahrer, die auf holpriger Straße zur Spitze fahren möchten, Maut an der Einbiegung entrichten, Fahrradfahren kostet nichts (mehr). Tatsächlich sollte man sich die Zeit nehmen und die Fünf-Kilometer-Strecke trotz Gegen-, Seiten- und sehr seltenem Rückenwind entlangstrampeln. Noch schöner ist es, das selbst in der Hochsaison kaum bevölkerte Naturschutzgebiet auf einem vier- bis fünfstündigen Marsch zu umrunden. Der Arm, der sich schützend um den Königshafen legt, gehört zu den idyllischsten Plätzen der Insel. Kilometerweite Sandstrände. Zwei Leuchtfeuer, List-Ost und List-West, beide 1858 unter dänischer Regentschaft errichtet. Die kleine Ferienanlage Uthörn, drei reetgedeckte Häuser mit Ferienwohnungen. Die Telekommunikationsstation Cantat 3, von der aus ein Stahlrohr vier Glasfaserkabel auf 7.381 Kilometern über Dänemark, England, Färöer, Island nach Neuschottland leitet und 62.000 kanadischen Anschlüssen Telefon-, Daten- und Rundfunkverbindungen ermöglicht. Ein Wendeparkplatz. Zeitweise Dixi-Klos. Keine Gastronomie, kein Kiosk. Freilaufende Schafe.

Die Zäune sollen eher die Schafe vor Gefahren schützen als die Menschen vor den Schafen, dennoch kann es leicht zu Begegnungen mit den blökenden Vierbeinern kommen. Das Fleisch des friesischen Salzwiesenlamms gilt als Spezialität, weil es wildähnlich würzig schmeckt. Denn das Salzwiesenschaf atmet nicht nur die salzige Luft ein, es trinkt auch Salzwasser aus kleinen Prielpfützen.

An den herrlichen Sandstränden des Ellenbogens lässt es sich ungestört in der Sonne aalen, picknicken und wandern. Nur eins darf man selbst bei größter Hitze nie tun: baden! Die Tiefenströmungen hier sind lebensgefährlich.

Zarte Lammfilets, herzhafte Lammhaxen und natürlich jede Menge Fisch serviert der auf norddeutsche Küche spezialisierte Gasthof Königshafen in List.

NATIONALMUSEET KOMMANDØRGÅRDEN /// JUVREVEJ 60 /// TOFTUM /// 6792 RØMØ /// NATMUS.DK/KOMMANDOERGAARDEN/ ///

RØMØ-SYLT-LINIE /// ANLEGER HÄFEN LIST/SYLT UND HAVNEBY/RØMØ /// 04 61 / 86 46 01 /// WWW.SYLTFAEHRE.DE ///

EIN WALKNOCHENZAUN ALS DÄNISCHES NATURDENKMAL

Rømø – Strand

In Juvre im Norden der dänischen Insel Rømø steht der denkmalgeschützte, einzig erhaltene Fischbeinzaun auf den Nordfriesischen Inseln. Er sieht aus wie ein verwitterter Holzzaun und wurde 1772 von einem Walfangkapitän mit den Barten eines Wales errichtet. Es war keineswegs ungewöhnlich auf den holzarmen Inseln, aus Walkieferknochen Eingangsportale und aus Fischbein Gartenzäune zu bauen.

Auf Rømø lebten zwischen 1660 und 1860 hauptsächlich Wal- und Robbenfänger, heute sind es 670 Menschen, 1.100 Schafe, allerhand Pferde, Seevögel, Hasen, Rehe.

Rømø galt einige Zeit als ›Sylt für Arme‹, weil man dort einem weniger mondänen Fremdenverkehrskonzept folgt. Rømø punktet mit Hunderten versteckten Ferienhäusern und dem großen Lakolk Strand Camping, ein idealer Urlaubsort für Familien. Für Arme? Immerhin wartet die 130-Quadratkilometer-Insel mit dem breitesten Sandstrand Europas auf (bis 3,5 Kilometer) und ist ein Eldorado für Strandsegler, Drachenflieger und Kitesurfer. Die pfeifen auf Sylt. Denn auf Rømø können Autofahrer direkt auf den Strand fahren. Lakolk durfte sich erst seit 1898 Nordseebad nennen (Westerland 1855) und schaffte es nicht, sich von der Nachbarin abzuheben, die bereits einen Ruf als ›Königin der Nordsee‹ errungen hatte. 1927 kurbelte der Bau des Hindenburgdamms den Sylter Tourismus weiter an. Rømø bekam 1948 einen neun Kilometer langen mautfreien Straßendamm durchs Watt.

Im Winter türmen sich links und rechts des Rømø-Damms auf den Salzwiesen vor dem Festland gewaltige Packeisformationen. Zu Zugvogelzeiten rasten dort Tausende Gänse. 5.000 Autos rollen im Sommer täglich über den Damm, nicht nur Urlauber, auch viele Baufahrzeuge und Reettransporter mit Destination Sylt. Von Havneby aus, dem bedeutendsten Fischereihafen Dänemarks, setzt der Sylt-Express nach List über.

Sehenswert: das Nationalmuseum Kommandørgården in einem Walfängerhaus und die Kirche Sankt Clemens in Kirkeby.

ALS WOTAN VOM HEILIGEN ANSGAR VERTRIEBEN WURDE
Ribe – Altstadt

Marc Chagall kennt jedes Schulkind, unter anderem wegen seiner berühmten Kirchenfenster. Carl-Henning Pedersen ist weniger bekannt, wenn auch in Dänemark und internationalen Kunstkreisen sehr angesehen. Wer den Dom zu Ribe betritt, wird sich in ihn verlieben. Der Expressionist Pedersen gestaltete in den 1980er Jahren die Apsis der ab 1150 entstandenen gewaltigen Kathedrale aus Tuffstein neu. Seine Leistung wird in die europäische Kunstgeschichte des 20. Jahrhunderts eingehen.

Der Künstler bemalte das Gewölbe in der Freskotechnik auf Kalk, eine sehr lange haltbare Wandmalerei. Die sieben Bögen erhielten Stiftmosaike aus zerschlagenem (nicht zersägtem) norditalienischem Glas zu biblisch inspirierten Motiven: Himmelslicht, Elias' Himmelfahrt, Himmelspforte und andere. Die fünf Glasfenster schmückte Pedersen mit farbkräftigen ›poetischen Bildern aus meiner eigenen Fantasie‹. Der Dom zu Ribe steht auf den Resten der ersten, etwa im Jahr 850 errichteten, christlichen Kirche Dänemarks, mit der Sankt Ansgar die Wikinger missionieren wollte. Archäologen schätzen, dass sich unter dem Domplatz 2.000 bis 3.000 Gräber aus jener Zeit befinden.

Die älteste Stadt Dänemarks im früheren Herzogtum Schleswig ist mehr als einen kurzen Abstecher wert. Der Hafen der einstigen Wikingerhochburg war ein bedeutender europäischer Handelsplatz. Der mittelalterliche Stadtkern vermittelt eine beschauliche Geruhsamkeit, die nur durch die Vielzahl an Touristen gestört wird. Dann fliehe man in das Kunstmuseum und betrachte Bilder der Skagenmaler. Oder begebe sich im Freilichtmuseum Ribe Vikinge Center auf die Spuren der Menschen, die hier vor 1300 Jahren lebten. Die Wikinger waren nicht nur die robusten Seeleute und brutalen Krieger, als die sie meist dargestellt werden, sondern erfahrene Handwerker, etwa Glockengießer.

🛈 Ribe liegt auf der Kante, wo Marschland in hohe Geest übergeht, es gibt drei Wasserfälle in der Stadt, ein guter Standort für Mühlen und Hammerschmieden.

ZWISCHEN AUSTERN UND ASPHALT AN ABBRUCHKANTEN
Blidselbucht

10

Zwischen der Vogelkoje nördlich von Kampen und List erstreckt sich die Blidselbucht, deren Namensbedeutung ›heiterer Sitz‹ auf eine alte Siedlung hindeutet, die unter dem Sand liegen soll. Auch hier auf der Wattseite, am schmalen Hals der Insel, hat der Küstenschutz viel zu tun, um den weiteren Abbruch des Ufers zu verhindern. Um die zerstörerische Kraft der Wellen abzuschwächen, die Wohnhäuser in den Siedlungen Westerheide und Süderheidetal und die dicht in Ufernähe verlaufende Verbindungsstraße von Kampen nach List zu schützen, ließ der schleswig-holsteinische Landesbetrieb für Küstenschutz, Nationalpark und Meeresschutz sogenannte Längswerke aus Asphalt bauen – als Ergänzung zu den Querwerken, besser bekannt als Buhne.

In der Blidselbucht findet man zahlreiche Ferienwohnungen, teils in exponierter Lage, vor allem in der Siedlung Sonnenland. Diese durfte 1961 nach langen Verhandlungen ausnahmsweise mitten im Naturschutzgebiet gebaut werden. Schaut man übers Watt, entdeckt man eigenartige Betonständer, die immer wieder viel Rätselraten auslösen. Deren harmlos klingender Name ›Seekühe‹ verschleiert ihre militärische Funktion: Während des Nationalsozialismus dienten sie der Luftwaffe als Zielscheiben beim Schießtraining.

Unweit der Seekühe züchtet Dittmeyer's Austern-Compagnie auf 3.500 Eisentischen die Kulturen der Marke ›Sylter Royal‹. Etwa eine Million pazifische Felsenaustern werden jährlich hier geerntet, ein Drittel davon in Sylter Restaurants serviert, die restlichen lebend in Spankörbe auf Reet gebettet und verschickt. Da es den Austern gelungen ist, sich außerhalb der ›Poches‹ genannten Kunststoffbeutel im Nationalpark Wattenmeer zu verbreiten, befürchten Naturschützer, dass nun die heimischen Miesmuscheln verdrängt werden.

Die europäische Auster ist als Folge von Überfischung, Eiswintern und Wegfraß durch Seesterne und Pantoffelschnecken an der Nordseeküste ausgestorben.

BRANDUNGSBADEN –
DIE ULTIMATIVE GESUNDHEITSDROGE

40 Kilometer Weststrand

Wasserscheue, Frierkatzen und Bahnenschwimmer können meist nicht nachvollziehen, welch irrsinnigen Spaß es macht, ein Brandungsbad am Sylter Weststrand bei 16 Grad Wassertemperatur zu nehmen, noch dazu, wenn die Wellen sich mächtig aufbäumen. Zugegeben – sobald die Lufttemperatur unter die des Wassers sinkt, meldet sich der innere Schweinehund mit seinen üblichen Bedenken. Hat man diesen aber erfolgreich zum Schweigen gebracht, kommt zur Badefreude noch der Stolz des Siegers. Brandungsbaden vor Sylt ist die ultimative Herausforderung des Davidmenschleins an den Meeresgoliath, die schiere Lust am Kampf gegen die Welle, zugleich die reine Hingabe.

Die Art der Wassergymnastik beim Brandungsbaden könnte kein Physiotherapeut trockenen Fußes jemals vorführen, ja, vermutlich würde er sogar davon abraten, dass der Patient sich mit verrückten Verrenkungen Muskeln und Knochen ruiniert. Wer stürzt sich freiwillig aus zwei Metern Höhe auf einen harten Sandboden? Nur der Wellentänzer in der Brandung. Es bleibt ein anatomisches Rätsel, warum selten etwas passiert. Offenbar lässt der Schock, den das kalte Wasser und der Schlag der ersten Welle dem Badenden versetzt, den Körper Adrenalin ausschütten und weckt die Kraftreserven. Man reagiert euphorisch. Gegen entzündete Nebenhöhlen empfehlen Heilpraktiker, eklige Salzwasserlösungen in der Nase hochzuziehen, wobei absolut kein Lustgefühl entsteht. Anders im Meer: Rücksichtslos schüttet die Welle dem Badenden, der gerade versucht, unter ihr festen Stand zu behalten oder auf ihr einen Schwimmzug hinzubekommen, einen Eimer Salzwasser in Rachen, Nase, Ohren. Diese Radikalkur wirkt garantiert vorbeugend, und Apotheker haben das Nachsehen.

Das Brandungsbaden in der Nordsee könnte die einzige Sucht sein, die zugleich gesund ist. Einige Einheimische betreiben sie sogar ganzjährig.

☞ Vor dem kühlen Meeresbad könnte man eine der fünf Sylter Strandsaunen aufsuchen.

TÄNZE AM STRAND,
VIEL MUSIK, HÜTTENROMANTIK

Klappholttal – Akademie am Meer

Zwischen Kampen und List, mitten im Naturschutzgebiet, liegt ein altes Militärlager des Ersten Weltkriegs. Heute ist es mit 250 Betten und 37.000 Übernachtungen im Jahr die älteste Volkshochschule Schleswig-Holsteins. Jemand hat Klappholttal despektierlich als Trainingslager der deutschen Bildungsbourgeoisie bezeichnet. Nicht ganz falsch. Klappholttal ist nicht typisch Sylt und doch ohne Sylt schwer denkbar. Nicht ohne Nordseebrandung, Reizluft, wenig bevölkerten Strand, auf Schlichtheit reduzierte Wohn-, Dusch- und Klo-Hütten zwischen den Dünen. Beim vielzitierten Geist von Klappholttal ist nicht deutlich, ob es sich um eine Art Schlossgespenst oder den fast 100 Jahre überdauernden, modernisierten Gedanken des Gründers Knud Ahlborn handelt, überzeugter Anhänger der Freikörperkultur und Vater der deutschen Jugendbewegung.

Es handelt sich um einen Hort der anstrengungsfrei zugänglichen Bildung, der seinesgleichen sucht. Ob Qi Gong, Malerei, Chor, Tanz, Trommeln, Theater, Vortrag, Konzert oder Schreibwerkstatt – während der Sommerakademie darf jeder und jede, vom Kind bis zum Greis alles mitmachen, ganz nach Lust, Wetter und Laune. Im Herbst, Winter und Frühling laufen fest buchbare Seminare.

Die Geschichte Klappholttals ist auch eine Geschichte deutscher Zurück-zur-Natur-Bewegungen des 20. Jahrhunderts. Die Musik spielt einen wichtigen Part. Quasi im Festengagement treten das Essener Ensemble Più, das Klappholttaler Kammermusikensemble mit Mitgliedern der Philharmoniker Hamburg, der Leipziger Saxofonist Frank Liebscher und das Trio A Due auf. Und wenn die Abschlussschüler der Dresdener Palucca Hochschule für Tanz ihre Improvisationstänze am Strand demonstrieren, mit anschließendem Feuer und viel Rotwein, dann aalen wir uns – Sommerfrische pur!

Die Ausdruckstänzerin Gret Palucca tanzte auf der Klappholttaler Holzbühne zum Karriereabschied 1950 letztmals öffentlich.

TOURISMUS-SERVICE KAMPEN /// HAUPTSTRASSE 12 ///
25999 KAMPEN /// 0 46 51 / 4 69 80 /// WWW.KAMPEN.DE ///
GÄSTEFÜHRERIN SILKE VON BREMEN /// ÖFFENTLICHE FÜHRUNGEN:
0 46 51 / 3 16 69 /// PRIVATE FÜHRUNGEN: 0 46 51 / 3 55 74 ///
WWW.SYLT-ISLAND.DE ///

ZWISCHEN KLIFFENDE UND KUPFERKANNE: KUNST, KUNST, KUNST

Kampen

Kampen – Whiskymeile, Schickimicki nackt mit Perlenohrringen an Buhne 16, exorbitante Quadratmeterpreise. An einem regnerischen Sommersamstag steht zwischen Kampen-Vogelkoje und Kampen-Süd Porsche an Ferrari an Daimler im Stau; als Fahrradfahrer zieht man eine lange Nase und kommt früher ans Ziel.

Kampen hat glücklicherweise viele Gesichter. Da ist die Fama des Künstlerdorfs, in das in den 20er-, 30er-, 50er-Jahren tout Berlin, München, Hamburg im Sommer pilgerte. Maler, Bildhauer, Schriftsteller, Verleger, Musiker und Schauspieler logierten im Gästehaus Kliffende oder in den Häusern von Ferdinand Avenarius, Peter Suhrkamp, Valeska Gert, Max Baldner, später Axel Springer. Thomas Mann, Kurt Tucholsky, Max Frisch, Ernst Rowohlt, Emil Nolde, Alexej Jawlensky, Romy Schneider, um nur einige zu nennen. Nicht alle kamen wieder – Romy zum Beispiel nicht, das Klima war ihr zu frisch. Aber das ist alles vergangen, wenn auch nicht vergessen.

Heute gehört ein Abstecher nach Kampen dazu, aus reiner Schaulust. Eine Tour durch die Kunstgalerien, mit null Cent in der Tasche! Wir fangen klein an, schauen nach, welche Ausstellung gerade im ›Kaamp-Hüs‹ des Touristenbüros läuft. Eine Runde drehen bei Rudolf im großen, etwas unpersönlichen Saal im Untergeschoss, klassische Moderne. Langsam wird es spannend: ›Falkenstein Fine Art & Atelier Sprotte‹ residiert im Atelierhaus des Malers Siegward Sprotte (1913–2004), der maßgeblichen Anteil an Kampens Ruf als Künstlerdorf hatte. Anschließend exklusive Luft und klare Kunst des Nordens einatmen in der Dependance des Hamburger Galeristen Rainer Herold, der immer ergreifende Exponate ausstellt, die ihren stolzen Preis haben. Und zu guter Letzt, zur heitersten Entspannung, schnell einen Sprung zur Galerie Peerlings, um nachzusehen, ob Klaus Fußmann eine neue Landschafts- oder Blumenidee hatte.

☙ Die beliebte Gästeführerin Silke von Bremen bietet Themenführungen, in Kampen zu den ›Vergessenen Künstlern‹.

KIEBITZE WERDEN IN DER BRADERUPER HEIDE IMMER SELTENER GESEHEN.

NATURZENTRUM BRADERUP DER NATURSCHUTZGEMEINSCHAFT SYLT E. V. /// M.-T.-BUCHHOLZ-STICH 10 A /// 25996 WENNINGSTEDT-BRADERUP /// 0 46 51 / 4 44 21 /// WWW.NATURSCHUTZ-SYLT.DE ///

KUPFERKANNE /// STAPELHOOGER WAI 7 /// 25999 KAMPEN /// 0 46 51 / 4 10 10 /// WWW.KUPFERKANNE-SYLT.DE ///

NATUROASE INMITTEN KRÄHENBEERE, GLOCKENHEIDE, BESENHEIDE

Braderuper Heide (14)

Ein Spaziergang durch die Braderuper Heide. Oder lieber am Watt entlang der Abbruchkante des Weißen Kliffs aus hellem Kaolinsand. Glückspendende Erinnerungen, die dem Flaneur noch lange trübe Wintertage im Festlandsalltag aufhellen. Fahrräder müssen am Rand der knapp 140 Hektar Heidefläche zurückbleiben. Der schmale Streifen zieht sich von Braderup bis Kampen. Nur Heid- und Moorschnucken dürfen abseits der Wege grasen. Im März rasten im Watt und auf der Heide viele Zugvogelarten, unter ihnen Kiebitze – doch ihre Zahl nimmt leider ab. Dieser Vogel mag Kälte und Regen gar nicht, im Frühjahr 2013 sind deshalb viele Kiebitze, die sich in den ersten warmen Tagen auf den Weg gemacht hatten, auf Sylt erfroren.

Den Frühling begrüßt die schwarze Krähenbeere an grüner Mutterpflanze, im Hochsommer taucht die Glockenheide die Landschaft in sattes Rosapink, ab August kündigt die lilaviolette Besenheide den nahenden Herbst an.

Die Braderuper Geest-Heidelandschaft überlebte als Rest einer keineswegs natürlichen Vegetation, für die die Heidepflanzen an Sylts Westseite ein gutes Beispiel sind. Sie entstand als Folge systematischer Wälderrodung. Im 19./20. Jahrhundert wäre die heute geschützte Heide beinahe Holzsammlern, Bauherren und Kiesabbau zum Opfer gefallen. Die Kampener Heide wurde tatsächlich bebaut. Dass die Heide bei Braderup erhalten wurde, ist nicht zuletzt einer tapferen Naturschützerin zu verdanken. Clara Enss (1922–2001) sorgte mit dafür, dass das Gebiet ab 1979 unter Naturschutz gestellt wurde. Die furchtlose Kämpferin scheute keine Konfrontation mit Hausbesitzern, Kurbetrieben, Motorradfahrern, Hundebesitzern und Sportlern. Arnika, Lungenenzian, Geflecktes Knabenkraut, Sonnentau und Hunderte weiterer gefährdeter Pflanzen und Kleintierarten überlebten.

☕ Ein Cafégarten mit Wattblick liegt am Kampener Heideende. Der Kuchen der Kupferkanne in einer Bunkeranlage neben zerstörten Hünengräbern ist legendär.

EINEN STEINWURF WEIT ÜBERS MEER
BEI PRINZENS ZU HAUSE

Møgeltønder

Man muss nicht bis Kopenhagen fahren, um die Residenz einer Königlichen Hoheit von Dänemark zu betrachten – zumindest von außen. In Nordschleswig, direkt hinter der dänischen Grenze, wohnt Prinz Joachim, Sohn von Königin Margarete, mit seiner zweiten Frau Marie Cavallier und den Kindern Prinz Henrik und Prinzessin Athena im Barockschlösschen Schackenborg. Die historische Wasserburg derer von Schack zu Schackenborg wurde in den 1990er-Jahren an das dänische Königshaus verkauft.

Eine Rast in Møgeltønder sei jedem Passanten ans Herz gelegt, vor allem, um über eine der schönsten Dorfstraßen Dänemarks zu schlendern: die Slotsgade. An der mit Katzenkopfsteinen gepflasterten, mit Lindenbäumen gesäumten Straße, die auf das Schloss zuläuft, reihen sich niedrige Backsteinhäuser, eine Idylle, die selbst Schneetreiben und Regengüsse nicht trüben können. Überragt wird der Ort von einer imposanten und innen prächtig ausgestatteten Kirche. Im Sommer finden in unregelmäßigen Abständen Führungen durch den Schlosspark von Schackenborg statt.

Acht Kilometer nordwestlich liegt Højer, der alte Festlandshafen für Syltreisende, bevor der Hindenburgdamm 1927 gebaut wurde. Im Königin-Margarete-Koog kann man auf die alte Hoyerschleuse und auf die neue Wiedau-Sturmflut- und Entwässerungsschleuse klettern und hinüber nach Sylt blicken. Bis 1927 fuhr man mit der Bahn von Tønder zur Hoyerschleuse und setzte von dort tidenabhängig mit dem Raddampfer nach Munkmarsch über. Theodor Storm musste noch mit der Pferdekutsche nach ›Hoyer‹ fahren. Der Raddampfer wurde übrigens später nach Ostpreußen verkauft und transportierte 1945 zu Kriegsende Flüchtlinge übers Haff, wie Historiker Hartmut Schiller berichtet. Im Ort Højer steht die höchste nordeuropäische Holzwindmühle mit Museum.

Die Stadt Tønder war im 17./18. Jahrhundert eine Hochburg des Spitzenklöppelns.

WO DIE POST ABGING
UND DER RADDAMPFER AUS HOYER ANLEGTE

Munkmarsch 15

Für Nordlichter beginnt Süddeutschland gefühlt kurz hinter Hannover und Osnabrück. Im Gegenzug freuen sich die Rhein-Mainer, die Rheinländer, Schwaben und Bayern darauf, ab Hamburg die Nordseewellen plätschern zu hören. Tatsächlich ist Sylt von jedem Punkt Deutschlands aus ziemlich weit entfernt. Die letzte Etappe Hamburg-Westerland mit der Nord-Ostsee-Bahn dauert gut drei Stunden; mit dem Auto kaum weniger. Die erste Autofahrt der Autorin nach Sylt von Isny im Allgäu bis Klappholttal auf Sylt dauerte inklusive Staus 17 Stunden – 1998 bei sengender Hitze mit zwei Kleinkindern im Fond. Münchener planen auf dem Schienenweg über neun Stunden ein.

So lange währte auch die Anreise vor hundert Jahren – allerdings von Altona aus über Hoyerschleuse, mehrstündige Verzögerungen durch Gezeitenwechsel unberücksichtigt. Weil die Reisenden durchgerüttelt und mit flauem Magengefühl ankamen (vor dem Molenbau 1867 womöglich noch mit nassen Füssen), erholten sie sich gern im Fährhaus. Der Besitzer, Kapitän Selmer, besaß die Fährkonzession und soll den Verzehr durch künstliche Verspätungen angekurbelt haben.

Alle Geschichten über Munkmarsch lassen eine Welt aufleben, die seit 90 Jahren passé ist, genauer gesagt, seit der Einweihung der Dammbahnstrecke Klanxbüll-Westerland quer durchs Meer am 1. Juni 1927. Die große Zeit des Haupthafens auf Sylt begann in den 1860ern, als der Keitumer Hafen versandet, der Deutsch-Dänische Krieg beendet, der Badebetrieb in Westerland aufgeblüht war. Ein Postschiff pendelte bereits ab 1755 regelmäßig – außer bei Sturmflut oder Packeis, da mussten wackere Männer mit Eisbooten raus. Vorher schon lieferten die Munkmarscher Mehl auf dem Seeweg nach Norwegen. Harte Zeiten. Heute schaukeln im Sommer die Jachten des kleinen Sylter Segler Clubs friedlich in der geschützten Bucht, im Februar brennt eine Biike.

Beschauliches Munkmarsch: 150 bis 200 Einwohner, Ferienwohnungen, Luxushotel, Segler Club, Surfkurse, Miniwattstrand. Die Post geht woanders ab.

PACKEIS, SCHNEE, STEIFER OSTWIND, STERNKLARE NACHT

Winterwattweg von Keitum nach Munkmarsch 16

›Dauernder Südwestwind trieb nächtelang schwere Gewitter über die Insel; gleichmäßig verregnete Vormittage, aufklärende Nachmittage, unheimlich klare Abende und Morgen.‹ Dieses Wetter ging einer schweren Sturmflut voraus, über die der Schriftsteller Robert Musil 1923 berichtet. Die Schilderung führt zu der häufig diskutierten Frage: In welcher Jahreszeit ist mit ›idealem‹ Syltwetter zu rechnen?

In der Brandung baden, nackt im Strandkorb sonnen, Volleyball spielen – Juli, August, September sind dafür die besten Reisemonate. Die Nordsee erwärmt sich auf 16 bis 20 Grad Celsius, die durchschnittliche Lufttemperatur erreicht 20 Grad. Im August kann es sogar windstill und schwül sein. Wenn nämlich der Ostwind bläst, wird es am Weststrand ungemütlich: Sandfliegen nerven, Feuer- oder Kompassquallen streicheln Wassernixen zärtlich brennend mit Tentakeln, die Luftfeuchtigkeit steigt gefühlt in tropische Gefilde. Insofern ist kräftiger Westwind vorzuziehen. Wandern, Radfahren, auch Reiten lässt es sich offiziell zu jeder Jahreszeit, allerdings zeigt sich der Juni mit durchschnittlich neun Sonnenstunden täglich am freundlichsten (dafür hat das Meer nur 13 Grad). Mai und Juni sind meist recht trocken, da können die regenreichen, dunklen, oft nebligen Monate Oktober, November und Dezember nicht mithalten. Schmuddelwetter, sagt der Norddeutsche.

Aber der Januar, der Februar! Wegen des warmen Golfstroms bleiben die Winter mild – im Prinzip. Wenn ein sibirisches Kältehoch sich an der Insel festkrallt, wenn es geschneit hat, wenn sich an der Wattseite nach längerem Frost gepaart mit Ostwind das Packeis stapelt und die Salzwiesen mit vereister Raureifkruste bedeckt sind, dann am Watt entlang spazieren gehen unter hohem blauem Himmel, dick verpackt in Daunen und Skipullover! Leider bringen März und April oft wieder Schmuddelwetter.

Der Geologe und Meteorologe Arfst Hinrichsen wandert in seiner Freizeit mit Gruppen vom ›Grünen Kliff‹ bei Keitum zum Hafen Munkmarsch (zwei Stunden).

WO ALTE WALFÄNGER SICH
DIE MÜDEN KNOCHEN WÄRMTEN
Keitum

Wenn der Himmel trüb ist, fahren wir nach Keitum ans Grüne Kliff und lassen uns durch die gewundenen Wege treiben. Leider kommen Hunderte andere auch auf den Gedanken, jedenfalls im Sommer. Im Winter darf das Dorf am Watt sich der Beschaulichkeit hingeben. Viele der repräsentativen Friesenhäuser aus dem 18. Jahrhundert, die sich wohlhabende Kapitäne und Walfänger für ihren Ruhestand bauten, sind dann verwaist. Denn bestimmt zwei Drittel der Keitumer Gebäude beherbergen heutzutage teure Mode-, Schmuck- und Trendboutiquen, luxuriöse Pensionen, Hotels und Ferienwohnungen. Aber es gibt ja noch die beiden Museen.

Im 1739 errichteten Altfriesischen Haus kann man in die Wohnkultur des späten 18. und frühen 19. Jahrhunderts abtauchen. Das liebevoll und detailliert eingerichtete Museum in dem utländischen Backsteingebäude lässt uns ahnen, dass die biedermeierliche Idylle, die man den Kapitänshäusern unterstellen könnte, real nicht existiert hat – oder vielleicht nur für den Kapitän, der endlich seine Knochen am heimischen Ofen wärmen durfte. Wie eng die Alkovenbetten sind, in denen man noch halb sitzend zu zweit schlief, Kinder auch zu mehreren. Wie mühsam, den Bilegger in der Küche auf einer holzarmen Insel rund um die Uhr am Brennen zu halten, damit es in der Kööv, der Wohnstube, warm blieb. Und kochen musste man ja auch, wovon die Töpfe, Tiegel, Pfannen und sonstige Utensilien in der Kammer hinter einer Glaswand noch ein Lied klappern könnten.

Das wenige Schritte entfernt stehende Sylter Heimatmuseum ergänzt die im Altfriesischen Haus gewonnenen Eindrücke mit diversen Sammlungen: Münzen, Trachten, Seekarten, Seefahrer-Andenken, Büchern und Steinen des Sagensammlers und Heimatforschers C. P. Hansen (1803–1879), einer Ausstellung über den Sylter Nationalhelden Uwe Jens Lornsen (1793–1838) und prähistorischen Funden.

> Im Heimatmuseum laufen oft sehenswerte Kunst- und Fotoausstellungen nordfriesischer Künstler.

EVANGELISCH-LUTHERISCHE KIRCHENGEMEINE SANKT SEVERIN ///
PRÖSTWAI 20 /// 25980 KEITUM /// 0 46 51 / 3 17 13 ///
WWW.ST-SEVERIN.DE ///

KIRCHE AM KLIFF
STEHT AUF KULTSTÄTTE FÜR FREYA

Keitum – Sankt Severin

›Heute herrscht Sonntagsstille. Bei der Kirche am Kliff frühstücken die Schafe, und eine Kuh schaut verträumt in die Sonne. Die Glocke schüttet metallischen Klang in das Wattenmeer.‹ Der Autor dieser poetischen Zeilen berichtete im April 1950 im Hamburger Abendblatt von seinem Gottesdienstbesuch in der fast 900 Jahre alten Keitumer Kirche.

Sankt Severin ist neben Sankt Martin in Morsum die einzig erhaltene vorreformatorische Kirche auf Sylt, aufgrund ihrer erhöhten Lage von vielen Stellen der Insel aus zu sehen, und ihr Glockenturm aus dem 15. Jahrhundert diente Seeleuten bis zum Leuchtturmbau in Kampen als Orientierungsmarke. In germanischer Zeit war das Kirchengelände auch schon heiliger Boden, eine Kultstätte der Göttin Freya.

Das wohlhabende Dorf Keitum hat bis heute finanzstarke Freunde, die helfen, das denkmalgeschützte Gebäude zu erhalten. Deshalb erhielt Sankt Severin 1999 eine neue Orgel, denn just, als sich der Förderkreis auf eine langwierige Spendenakquisition eingestellt hatte, bekam er von einem Spender eine große Summe. Weit über die Inselwelt hinaus schallte der Ruf des früheren Keitumer Pastors Traugott Giesen. Der beliebte und prominente Pfarrer wurde wegen seiner wortgewaltigen, launigen Predigten und Bonmots als ›Gottes Entertainer‹ tituliert.

Einer Pilgerstätte gleicht der Keitumer Friedhof am Meer mit alten Kapitänsgrabsteinen und Prominentengräbern, zum Beispiel von Rudolf Augstein, Peter Suhrkamp, Ferdinand Avenarius und Knud Ahlborn. Skulpturen, Wandbilder, ein Freya-Stein tragen zur Popularität dieses Ortes bei. Nur das schwarz gähnende Loch anstelle des Gesichts, aus dem uns die Bronzeskulptur mit dem Titel ›Komtur‹ anglotzt, löst selbst im schönsten Sonnenschein ein schauriges Gefühl der Beklemmung aus.

Legendär sind die Keitumer Mittwochskonzerte, oft mit namhaften Organisten und anderen bedeutenden Musikern. Ebenso finden Kirchenführungen statt.

ZEHN MILLIONEN JAHRE ERDGESCHICHTE AN EINEM TAG
Morsum-Kliff

Intensiv rostrot leuchtet der Limonitsandstein des Bunten Kliffs, dicht daneben schimmert der weiße Kaolinsand in der aufgehenden Sonne, der schwarze Glimmerton strukturiert das Naturgemälde. Die Weite des Wattenmeers zu Füßen, den hohen Himmel über den Köpfen, stehen wir auf zehn Millionen Jahren sichtbarer Erdgeschichte. Ein Spaziergang am Morsum-Kliff ist in den Augen des Inselgeologen Ekkehard Klatt »die Krönung jedes Sylt-Aufenthaltes: Wo sonst finden Sie über 400 Millionen Jahre alte Fossilien aus dem Erdmittelalter? Wo sonst präsentiert sich die Geologie in einer solchen Fülle und Farbenpracht?«

Bereits 1923 wurde das 45 Hektar große Kliffgebiet gleichzeitig mit dem Listland zum Naturschutzgebiet deklariert, inklusive der Geestfläche vor der 18 Meter hohen Kante. Gottseidank, denn es gab allerhand Bauwütige, denen das Morsum-Kliff als nützlicher Steinbruch erschien, beispielsweise beim Bau des Hindenburgdamms. Das Bunte Kliff in Sylt-Ost zählt zu den wichtigsten Geodenkmälern Deutschlands und ist seit 2006 offiziell als Nationales Geotop gelistet. Studenten pilgern mit ihren Professoren zum Morsum-Kliff, um die drei erdhistorischen Schichten zu begutachten, die vor 450.000 Jahren von einem gewaltigen, von Nordost nahenden Gletscher aus der Erdkruste gebrochen und freigelegt wurden. Im schwarzen Glimmerton entdeckte man Fossilien eines Urmeeresgrundes, und weil dieser Fund so sensationell ist, bezeichnet die Forschung die Erdphasen vor zehn und sieben Millionen Jahren als Syltium und Morsumium.

In der Morsumer Heide gedeihen Lungenenzian, Geflecktes Knabenkraut (eine Orchideenart) und andere geschützte Florajuwelen. Zitronenfalter, Pfauenauge und an die 600 weitere Schmetterlingsarten tummeln sich hier. Von Uferschwalben, Feldlerchen und Brandgänsen gar nicht zu reden.

✎ Der Geotouristiker Ekkehard Klatt unternimmt geologische Wanderungen zum Morsum-Kliff, Roten Kliff, zur Hörnum Odde und in die Umgebung Kampens.

WO GOTTVATER
ÜBER DEN TOTEN SOHN WACHT
Morsum – Sankt Martin

20

Carsten hieß der erste nachreformatorische Pastor, der in der romanischen Kirche Sankt Martin amtierte. Sein Nachfolger Nis ertrank 1571, er war zum Fischfang aufs Meer gesegelt. Pfarrer Johannes Boysen ›verlor in der Pest 1629 seine 6 Kinder, zeugte aber wieder mit seiner Frau 6 andere‹. Grauenhaft. Die Pest rottete das Dorf Morsum in dieser Zeit fast aus. Mit einem tiefen Schrecken kam dagegen Petrus Lobedanz davon, der zunächst als Pfarrer des Kirchspiels Nordstrand amtierte und, nachdem dieses 1634 in der Nacht der Großen Mandränke im Meer versunken war, später in Morsum predigte. Während der Sturmflut hatte er sich in einer Nachbargemeinde aufgehalten.

Sankt Martin, Sylts älteste Kirche aus dem 12. Jahrhundert, ruht auf dem höchsten Punkt des Geestrückens. Die Glocke läutet im separat errichteten hölzernen Glockenstapel für die etwa 1.200 Morsumer. Wie auf den Halligen stehen Bauernhöfe auf Warften; erst seit 1937 schützt der 13 Kilometer lange Nössedeich das Marschland vor Überschwemmung. Morsum-Bahnhof ist die erste Station der über den Hindenburgdamm einfahrenden Züge. Mit zahlreichen Grabhügeln gilt das Gebiet als besterhaltene prähistorische Kulturlandschaft Schleswig-Holsteins.

Die dreischiffige Kirche mit einer Apsis aus Tuffstein verfügt über einige Kunstschätze, die sich vom ornamental schlichten Erscheinungsbild des Kirchenraumes abheben. Doch nicht die goldene Taube unter dem Baldachin der Barockkanzel springt ins Auge, auch nicht der dänische Kronleuchter, ebensowenig das mehr als 1000 Jahre alte Taufbecken in Kelchform mit keltisch-irischen Kreuzen (lange Zeit als Regenauffanggefäß zweckentfremdet). Es sind die Figuren des hölzernen Flügelaltars, welche die Blicke auf sich ziehen: Auf dem Gnadenstuhl thront Gottvater mit dem toten Christus im Arm, flankiert von den Heiligen Martin und Severin sowie den zwölf Aposteln.

Anrührend wirkt das erhaltene Kirchengestühl mit kleinen Türen zum Gang, damit sich die Wärme, die die Fußöfchen unter den Bänken abgaben, stauen konnte.

KATHOLISCHER GOTTVATER KRÖNT HIMMELSKÖNIGIN MARIA
Alt-Westerland – Dorfkirche Sankt Niels

21

Drei geschnitzte Flügelaltäre aus dem Mittelalter sind auf Sylt erhalten; alle zeigen die Dreifaltigkeit. Der Morsumer Gott hält den toten Jesus auf seinen Knien, der Keitumer Gott umfasst den auferstandenen Christus, und der spätgotische Gottvater in der Alt-Westerländer Dorfkirche Sankt Niels setzt Maria die Krone der Himmelskönigin auf, die linke Hand ruht segnend auf der Weltkugel. Das Überrraschende: Die Marienfigur ist gleich groß wie die von Gottvater, sie wirkt – in der spätgotischen Bildsprache – gleichberechtigt.

Der Flügelaltar des 15. Jahrhunderts stammt wie auch weiteres Inventar aus der alten Eidumer Kirche Sankt Nicolai. Das Vorläuferdorf von Westerland ging in der Allerheiligenflut von 1436 endgültig unter, Sankt Nicolai aber brach erst 200 Jahre später zusammen. Sankt Niels wurde 1635 errichtet, die Kirche ist das älteste Gebäude Westerlands, dicht an der Grenze zu Tinnum. Während eines Spaziergangs durch Alt-Westerland entdeckt man reetgedeckte Friesenhäuser, die man sonst vergebens in dem Badeort sucht.

Wieso wird Gott überhaupt abgebildet, mag sich der Laie fragen. Heißt es doch in der Bibel im zweiten Buch Mose (Exodus): ›Du sollst dir kein Gottesbild machen …‹ Komplizierte Antworten geben kunsthistorische und theologische Lexika. Demnach wandelte sich offenbar die Gottesvorstellung seit dem 12. Jahrhundert, Gott wurden nun auch menschlich-väterliche Gefühle zugestanden und die Dreifaltigkeit Vater-Sohn-Heiliger Geist gewichtiger. Die katholische Idee einer Himmelsgöttin Maria gefiel allerdings den protestantischen Pastoren von Sankt Niels im 19. Jahrhundert gar nicht. Deshalb wurde der mittlere Flügel des Altars abgenommen und durch ein Ölgemälde ersetzt, das Jesus auf dem Wasser wandelnd zeigt. 1925 lockerte sich die streng lutherische Einstellung, Gott und Maria durften ihren alten Platz einnehmen.

✍ Die vier Sanduhren über der Kanzel dienten der Abrechnung von bestellten Predigten – je länger der Pastor sprach, desto höher fiel die Gebühr dafür aus.

WATERKANT WÖRTLICH:
AM WESTSTRAND ENERGIE AUFTANKEN
Westerland – Weststrand

Das einst unbedeutende Dorf Westerland erhielt im Jahr 1855 das Prädikat Seebad, die ersten 98 Kurgäste kamen in den Genuss des heilenden Hochseeklimas. 1913 zählte man 30.000 Touristen, darunter viele Tuberkulosekranke, die sich Heilung in Lungensanatorien versprachen. Erst seit den 1950er-Jahren konnte man die Volksseuche durch die Entdeckung wirksamer Impfstoffe und Antibiotika drastisch zurückdrängen. Das Sylter Klima gilt jedoch weiterhin als besonders gesund für Menschen mit Asthma, Neurodermitis, Schuppenflechte oder chronischer Bronchitis, weshalb es mehrere Kinderheime auf Sylt gibt.

Was kennzeichnet nun das außergewöhnliche Sylt-Klima? Tatsächlich handelt es sich nicht um einen Marketing-Gag! Mediziner loben das Reizklima, die saubere, allergen- und schwebstoffarme Luft, gepaart mit kühlendem Wind als wichtigste Faktoren. Forscher sprechen von 37 Mineralstoffen und Spurenelementen wie etwa Kalzium, Kalium, Magnesium, Natrium, Schwefel, Brom, Jod und Selen, die in jedem Tropfen Meerwasser enthalten sind. Hinzu kommt, dass die Sylter Luftströme permanent zwischen subtropischer Warmluft und arktischer Kaltluft wirbeln, was zur Abhärtung beiträgt, daher der Ausdruck Reizklima. Als beste Reisezeit unter gesundheitlichen Aspekten empfehlen Ärzte das Winterhalbjahr, wegen der kühleren Luft und hohen Windgeschwindigkeit. Spaziergänger sollten sich möglichst lange und nah an der schäumenden Wasserkante des Weststrandes bewegen, damit sie reichlich vom Meeres-Aerosol einatmen. Je salziger die Lippen schmecken und je lästiger der weißliche Film auf den Brillengläsern, desto besser die Wirkung (und man spart sich teure Thalassokuren).

Ein Hochseeklima findet man an der deutschen Nordseeküste nur auf Sylt, Amrum und Helgoland wegen der exponierten Lage der Inseln weit vor der Küste.

> Professor Uwe Jessel (1916–1979), Pionier der Meeresheilkunde, sorgte dafür, dass die einzige nordatlantische Aerosol-Messstation auf Sylt errichtet wurde.

SYLTER WELLE RETTET LAUNE AB WINDSTÄRKE 6
Westerland – Syltness

Was tun bei sehr schlechtem Wetter? Wohlgemerkt: Bei schlechtem Wetter ziehen wir uns nässe- oder kälteschützend an nach dem abgegriffenen und dennoch wahren Motto: Es gibt kein schlechtes Wetter, es gibt nur schlechte Kleidung. Was aber, wenn es richtig stürmt, der Wind mit hundert Sachen bläst, der Regen Hüte und Kapuzen wegpeitscht, und die Wellen bedrohlich nah an Strandkörbe und Promenade donnern? Selbst gemütlichste Stubenhocker kriechen nach drei Tagen aus dem Alkoven, von der Couch und aus der Kaminecke. Die Pflicht ruft, man ist schließlich hier, um sich den Reizen des Klimas auszusetzen. Rekapitulieren wir kurz die medizinische Aufklärung:

Das Reizklima ist ein Mix aus salzhaltiger Luft, mineralhaltigem Sprühregen des Meerwassers, UV-Strahlen als Vitamin-D-Lieferanten der Sonne und Wind. Vor allem der Westwind übernimmt die Rolle des Barkeepers, der den Cocktail mischt, weil der Mensch sich bewegt, ohne es groß zu planen: Die Sonne wärmt den Körper, der Wind kühlt ihn ab, man beginnt vielleicht zu zittern – und unternimmt einen kleinen Strandlauf, um sich aufzuwärmen. Professor Carsten Stick, Leiter des Instituts für klimatologische Medizin in Westerland (Universität Kiel), sieht in diesem automatisch ausgeführten Kreislauftraining eine der wichtigsten Wirkungen des Reizklimas. Und man braucht kein Kassenrezept dafür!

Okay, und nun, Frau Doktor, Herr Professor, bei dem trostlosen Wetter? Für Jammertage wurden die Sylter Welle und das Syltness Center an der Promenade von Westerland errichtet. Das Freizeitbad ist mit Wellenbecken, Thermalbecken und Saunalandschaft ausgestattet und wird gern von Familien frequentiert. Es gibt einen direkten Durchgang zum Gesundheitstempel Syltness, wo den erschöpften Gast Massagen, Thalasso-, Frischalgen- und andere Wellnessanwendungen für Körper und Seele erwarten.

Die 3.500 Quadratmeter große Spa-Abteilung im Lister Luxushotel Arosa mit Pools und Saunen steht auch Besuchern zur Verfügung, die nicht im Hotel wohnen.

GEHT SYLT DURCH KLIMAWANDEL UNTER? 150 JAHRE BUHNEN
Hörnum Odde

Die Buhnen gehören zum Bild des Weststrandes, für Schwimmer und Surfer sind sie jedoch gefährlich. Der Landschaftsschutzverband Sylt ließ immerhin die scharfkantigen Stahlspundwände ausbuddeln, allerdings kostet die Entfernung einer Buhne 10.000 Euro Minimum. Dass der Buhnenbau überhaupt in Betracht gezogen wurde, hat mit der Entwicklung des Sylter Kurbetriebs vor 150 Jahren zu tun: Die heilende Wirkung der salzhaltigen Luft ist an der Westküste am höchsten, also baute man nahe der Abbruchkanten. Die Folge: »Reihenweise stürzten die Logierhäuser und Hotels in Westerland und in Wenningstedt die Dünen und das Kliff hinunter«, berichtet der Sylter Geologe Ekkehard Klatt. Zunächst begegnete man dieser Entwicklung mit einfachen Sandfangzäunen, und man pflanzte Strandhafer.

Ab 1869 gruben Wasserbauer Seewerke aus Holz, Stahl, Eisenbeton und Basalt rechtwinklig zum Spülsaum tief in den Boden. Bis 1920 war die Westküste mit 100 nummerierten Buhnen versehen, weitere folgten, als vorerst letzte im Jahr 1968 massige Sechstonner aus Beton vor Hörnum. ›Ohne Tetrapodenquerwerk und den nachfolgenden zahlreichen Sandaufspülungen wäre die Ortslage Hörnum nicht mehr bewohnbar!‹, lässt das Umweltministerium Schleswig-Holstein verlauten. Klatt meint: »An keinem einzigen Meter der Westküste haben die Buhen den Rückgang von Kliff und Dünen von ein bis zwei Metern pro Jahr aufhalten können!« Als einziges Gebäude überdauerte das Jugendstilhotel Miramar, weil die Direktion 1907 die Promenadenmauer vor Westerland bauen ließ.

Wird Sylt wegen des Klimawandels bald in zwei oder drei Teile zerrissen? Geologe Klatt verneint: »Die Insel Sylt bleibt als vorgelagerter Wellenbrecher vor Schleswig-Holsteins Küste auch in Jahrhunderten als ungeteilte Insel bestehen.« Sein Wort in Gottes Ohr.

 Die Schutzstation Wattenmeer bietet Führungen um die Hörnum Odde an. Im Infozentrum gibt es acht Meerwasseraquarien. Sehenswert ist der Leuchtturm.

SCHLESWIG IN SEENOT UND GIERIGE STRANDVÖGTE

Wittdün – Am Leuchtturm 25

Das grelle Licht des heute ferngesteuerten Leuchtturms in den Dünen zwischen Wittdün und Süddorf strahlt 23 Seemeilen weit, knapp 43 Kilometer. Zwei weiße Bauchbinden kennzeichnen den roten Turm als Tageskennung (nachts vermittelt der Blitzrhythmus die Lage). Der Feuerträger wurde 1875 als erster Schiffssignalturm unter preußischer Regierung eingeweiht, zu deren Hoheitsgebiet das Herzogtum Schleswig seit 1867 gehörte. Allein 1850 waren zehn orientierungslose Schiffe vor Amrum gesunken, nur fünf Besatzungen wurden gerettet. Ob der samt Dünenhügel 66 Meter aufragende, höchste Leuchtturm der nordfriesischen Inseln überhaupt gebaut werden sollte, war dennoch umstritten.

Zwar hatte Dänemark die Errichtung eines Leuchtturms auf Amrum schon 1847 beschlossen, ließ das Vorhaben aber vorerst ruhen – zur Freude der heftig opponierenden königlichen Strandvögte, die ihre Existenz bedroht sahen. Es gehörte zu ihren Aufgaben, Listen über Leichen und Schiffbrüchige sowie angeschwemmte Gegenstände zu führen und das Strandgut vor räubernden Inselbewohnern zu schützen. Die Amrumer Strandvögte gingen ein besonders hohes Berufsrisiko ein, weil dort Piraten bis tief ins 19. Jahrhundert ihr Unwesen trieben. Dafür war der Ertrag und dementsprechend ihre Provision höher.

Als geistiger Vater des Leuchtturmbaus gilt der Sprachwissenschaftler Knud Jungbohn Clement, Seemannssohn und friesischer Nationalist, der sich sowohl mit der dänischen als auch der preußischen Regierung anlegte, was ihn seine Karriere als Wissenschaftler kostete. Die Seefahrt und die Inselsicherheit aber verdanken dem hartnäckigen Kampf des Sturkopfs viel. Clements Schrift ›Der Zustand der Nordseeküste in Schleswig-Holstein‹ (1865) wird bis heute als wichtige Quelle zitiert. Er selbst starb verbittert in den USA, zwei Jahre, bevor der Amrumer Leuchtturm erste Lichtsignale aussandte.

> Außer auf Amrum können Sie die Leuchttürme in Hörnum auf Sylt und auf Pellworm besteigen. Auch manche Quermarkenfeuer haben Aussichtsplattformen.

ABSTRAKTE NATURGEMÄLDE AUS WATT, MARSCH UND GEEST
Wittdün – Blick vom Leuchtturm

Wer anderen Menschen ungern nah auf die Pelle rückt, sollte den Amrumer Leuchtturm lieber nicht besteigen. Auf der Wendeltreppe zum runden Aussichtsbalkon schieben sich zu jeder Jahreszeit Erwachsene und Kinder aneinander vorbei. Allerdings brächte man sich um das großartige sinnliche Erlebnis, die landschaftliche Struktur von Geest, Marsch und Watt visuell zu verstehen. Die Übergänge von trockenem, bausicherem Festland zu teils noch mooriger, überwiegend zu Acker, Grünfläche und Wald verlandeter fruchtbarer Marsch und in der Randstufe zum alle zwölf Stunden überfluteten Wattschlick im Osten oder Sandstrand im Westen zeichnen ein unvollendetes abstraktes Gemälde.

Bei klarer Sicht schimmert Sylt in der nördlichen Ferne. Auf Amrum erstreckt sich in dieser Blickschneise der Mischwald aus Schwarzkiefern, Fichten und Birken mit versteckten Fahrradwegen und Lichtungen. Auf einer Fläche von 200 Hektar verfügt Amrum über den größten Baumbestand der Nordfriesischen Inseln. Im Nordosten gleitet der Blick über die Häuser und den Kirchturm des Friesendorfes Nebel bis zum markanten Nehrungshaken und übers Meer nach Föhr. Schlendert man im Uhrzeigersinn auf dem schmalen Rundbalkon weiter, erscheint der Wittdüner Hafen an der Südspitze, den gerade eine touristenbeladene Fähre gen Schlüttsiel verlässt.

Die eigentliche visuelle Sensation jedoch erlebt der Betrachter nicht in der Fernsicht, sondern direkt unter sich, er muss nur den Kopf neigen. Sind wir in einer Vulkanlandschaft? Sind die Mondkrater zwischen Heidehügeln Teil einer Fata Morgana? Nein, es handelt sich um die Erhebungen und Senken des etwa 1,5 Kilometer breiten Dünengürtels, durch den wenige dem Landschaftsschutz abgetrotzte Trampelpfade verlaufen. Darauf streben ameisengleich Menschen vorwärts, meist Richtung Kniepsand.

✍ Im Sommerhalbjahr finden nach Sonnenuntergang Leuchtturmführungen statt. Gelegentlich sieht man dabei die Lichter von Helgoland in der Ferne glitzern.

DAS RÄTSEL UM DAS U-BOOT-LOCH
Wittdün / Steenodde - Seezeichenhafen

(27)

»Adler-Express kam aufgrund eines Navigationsfehlers vor der Südspitze Amrums um circa 16.35 Uhr auf einer Sandbank bei der Einfahrt zum U-Boot-Loch fest.« Weil das Schiff auf dem Sandboden festsaß, musste die Besatzung bis zur Hochwasserzeit um 20.30 Uhr warten. – Immer wenn das Ausflugsschiff Adler IV auf der Fahrt längs der Amrumer Westküste heftig schaukelt und die Passagiere an Deck nur noch schlingernd vorankommen, spricht der Kapitän von Turbulenzen am ›U-Boot-Loch‹. – Eines Tages sah ein Zivildienstleistender, der als Vogelschützer auf Hallig Hooge arbeitete und deshalb mit der Fähre unterwegs war, vom Schiff aus bei Niedrigwasser das Heck eines U-Boots samt Schraube im Schlick hervorragen, was er später in einem Online-Blog erzählte.

In den drei Fällen handelt es sich nicht um eine Art Sommer-Loch Ness, die Geschichte hat einen ernsten Hintergrund: Am 24. Mai 1945, genau 16 Tage nach Ende des Weltkrieges, versenkte ein junger Soldat mit seinen Kameraden das U-Boot 979 vor der Amrumer Südspitze, nachdem er zwei Jahre und vier Tage darin gelebt hatte. Das Eisenwrack des U-Bootes steckt etwa 300 Meter vom Strand entfernt zwischen Sandbänken, bei Hochwasser in einer Tiefe von ungefähr 13 Metern.

Zehntausende Männer waren auf beiden Frontseiten während der grausamen ›Schlacht im Atlantik‹ in den ›eisernen Särgen‹ umgekommen. Dieser Soldat allerdings überlebte die nasse Hölle um sechs Jahrzehnte. Nach seinem Tod wurde seine Asche über dem Wrack verstreut, seinem Wunsch entsprechend: »Ich will zurück zu meinem U-Boot!«, sagte er dem Hamburger Abendblatt.

Diese Wattgegend ist wegen der Sandbewegungen gefährlich. Man kann das U-Boot nicht besichtigen! Wracktouristen zog jedoch lange Zeit der 1998 vor Amrum havarierte Holzfrachter Pallas an. Die verkokelten Überreste gelten als Mahnmal der Seenotrettung.

☞ Der Amrumer Seenotrettungskreuzer Vormann Leiss mit Tochterschiff Japsand liegt im Seezeichenhafen zwischen Wittdün und Steenodde (schöner Deichweg).

STRAND SO WEIT DAS AUGE BLICKT – EIN GESCHENK DER NATUR

Kniepsand

Der immense Strand von Amrum ist ein Naturparadies, auf dem im Sommer Hunderte und Tausende von Menschen wandern, buddeln, dösen, Ball spielen, Buden bauen, nackt in die Brandung springen und Bernstein suchen können, ohne das Gefühl von Weite, Freiheit und Lebenslust zu verlieren. Die Hälfte der Inselfläche besteht aus dem gut elf Quadratkilometer großen Kniepsand mit Dünengürtel. Er fiel den Amrumern als Naturwunder quasi in den Schoß. Während die Nordsee von der Sylter Westküste jedes Jahr ein Stück wegspült, das die Sylter durch teure, aufwendige Sandvorspülungen für kurze Zeit zurückerobern, fliegt das weiße Gold Amrum nur so zu und lässt die Insel weiter wachsen. Das Phänomen mag für Geologen nachvollziehbar sein. Auf Amrum betont man gern (und vorsichtshalber), dass die Insel den ›neuen‹ Sand nicht etwa von Sylt klaut.

Noch dazu bietet der bis zu anderthalb Kilometer breite Kniep, der vermutlich so heißt, weil er aus der Luftsicht die Form einer Kneifzange hat, einen natürlichen Küstenschutz. Wie der Natur- und Heimatforscher Georg Quedens berichtet, wurde eine vorgelagerte Sandbank erstmals 1585 auf einer Seekarte dokumentiert. Damals ragte sie noch in weitem Bogen hinaus in die See, aber im Laufe der Jahrhunderte beförderten Wellen und Westwind mit Sturmfluten den Knieparm stetig gen Osten. In der einstigen Wasserrinne zwischen Außenbank und Küste befand sich bis in die 1930er-Jahre der Kniephafen, in dem so lange Handelsschiffe ankerten und Austernkulturen angelegt wurden, bis der Priel versandet war.

Vor dem Kniep im Meer draußen liegt der kleinere Jungnamensand. Er ist außer Helgoland die einzige ›Geburtsstation‹ von Kegelrobben an deutschen Küsten. Manchmal wird eines der weißfelligen Jungtiere ins Watt geschwemmt. Kegelrobben sind größer als Seehunde und bis zu 300 Kilogramm schwer.

Geführte Strand-, Dünen- und Wattwanderungen, ›Vogelkiek‹ und Vorträge veranstaltet die Schutzstation Wattenmeer.

KNIEPIANER VOR KAPITÄN IN SICHT
Wittdün – Strandbudenkolonie 29

Sie heißen Spökenkieker, Bernsteinlauge, Piratenkajüte, Windjammer, Dilldappen oder Passat. Sie auferstehen in den Sommermonaten aus feuchtem Saunduntergrund, wohin sie spätestens im September wieder verschwinden. Sie bestehen aus Treibholz, Fässern, Masten, Plastikplanen und skurrilen Strandfunden. Wenn ihre Bauherren ›zu Hause‹ sind, weht mindestens eine Fahne. Die Rede ist von den Buden, die Feriengäste und auch einige Amrumer am Wittdüner Strand westlich des kleinen Nehrungshakens Kapitän im Juni, Juli auf- und im August, September abbauen. Warum eigentlich? Versetzen wir uns in die Lage des passionierten Kniepianers:

Der Strand von Amrum ist bis zu zwei Kilometer breit und damit einer der breitesten in Europa. Bis zum Wasser muss man weit laufen. Kaum ist man angekommen, baut sich eine dunkle Wolkenwand auf. Oder der Wind peitscht Sandkörner wie tausend spitze Nadeln in Nase, Augen, Ohren, Mund. Oder die Luft ist kälter als das 16 Grad ›warme‹ Wasser, sodass man sich nach dem Brandungsbad klamm in die Klamotten quält und ein windgeschütztes Plätzchen sucht. Ins Zimmer zurückgehen will man nicht. Also baut man sich eine Bude! Die Strandbude bietet wesentlich mehr Möglichkeiten als der klassische Strandkorb. Erstens: My home is my castle! Hier bin ich Mensch. Zweitens: Man kann Leute einladen, bewirten, notfalls beherbergen. Drittens: Man kann Sachen lagern – Schippen, Sonnensegel, Picknick, Prosecco.

So entstanden vor Jahrzehnten die ersten Unterstände, ja ein improvisiertes Dorf mit Ruhebank und Briefkasten, schließlich wurde die Strandkolonie selbst zur Sehenswürdigkeit. Vor der Abreise buddeln die Kniepfreunde das Baumaterial komplett ein, peilen die Stelle doppelt fürs nächste Jahr (trotzdem suchen manche tagelang) und bitten die Nachbarn, den Stammplatz vor Fremdübernahmen zu schützen.

☞ Kniepianer nächtigen selten in der Bude. Wer naturnah schlafen will, quartiert sich auf dem Campingplatz oder dem FKK-Zeltplatz in den Dünen ein.

SCHNEETREIBEN UND EISIGER SCHABERNACK
Nebel – Strand

Längst schon gelten die Tage ›zwischen den Jahren‹, Weihnachten bis Dreikönig, als Hochsaison auf den Inseln, allein auf Amrum zählt man in dieser Zeit mehr als 3.000 Gäste. Doch Raketen, Schwärmer und sonstige Silvesterböller sind auf Amrum, Sylt und Föhr tabu. Wer erwischt wird, zahlt bis zu 10.000 Euro Bußgeld. Während auf Sylt stattdessen Champagnerkorken knallen und nicht nur auf der Wenningstedter ›Kliffmeile‹ eine Party in die nächste übergeht, hat sich Amrum einen Ruf als Insel winterlicher Beschaulichkeit bewahrt.

Dennoch geht es lustig zu. Sogar Inselgäste warten mittlerweile auf das Auftreten der Hulken – verkleidete Amrumer, die von Haus zu Haus ziehen und deren Identität man erraten muss. Nachtschwärmer und Frühaufsteher zieht es an den Rand des Knieps zur Neujahrsreverenz: Moinmoin, altes Nordseemädchen! Moinmoin, hurtige Windsbraut! Sich in klirrender Kälte dick eingepackt bei Gegenwind am Strand entlangzukämpfen, die Lungen einer Entstaubungskur auszusetzen, über sandige Schneewehen zu stapfen oder den Bohlenweg vor jedem Schritt auf glatte Stellen abzutasten – da beweist sich wahre Naturverbundenheit.

Der unmöblierte Kniepsand wirkt jetzt noch größer, nur ›Panchos Burg‹ nördlich des Nebeler Strandes thront farbenfroh im Schnee. Das republikbekannte Strandgebilde des Berliners Otfried Schwarz gilt gemeinhin als Kunst. Er sammelt auf, was ihm an Strandgut begegnet und behängt seine Burg damit. Spaziergänger tun es ihm nach, sodass Pancho gar nicht mehr persönlich erscheinen muss – sein Werk entwickelt sich ganzjährig ohne ihn weiter. Im Januar und Februar türmen sich gelegentlich Eisschollen am Watt. Wenn es zuvor genug geregnet hat, kommen Schlittschuhläufer und Eishockeyspieler zum Zuge. Bei Minusgraden entsteht am Kniepsand eine natürliche Eisbahn. Nun sind Loops zwischen den Dünen angesagt.

> An Silvester wird in der Kniepsandhalle bis zum Morgengrauen getanzt. In der Sommersaison dient das alte Strandkorblager samstags als einziger Disko-Club.

FANTASIEN VON FLANEUREN: WOHNEN UNTER REET
Nebel – Dorf

Das Wort ›Friesenhaus‹ löst Bilderfluten im Kopf aus: Stockrosen. Steinwälle. Sprossenfenster. Schmiedeeiserne Maueranker. Blaue Wandkacheln. Knarrende Holzdielen. Niedrige Stubendecken. Bullernde Kaminöfen. Und vor allem Reetdächer. Wir flanieren so gern durch das ›Friesendorf‹ Nebel (wahlweise Nieblum auf Föhr, Keitum auf Sylt) und betrachten die typischen Häuser in der Bauweise des 18. und 19. Jahrhunderts. Wir schwelgen ein paar Stunden im Welches-Haus-würde-ich-am-liebsten-bewohnen-Gefühl. Die Sehnsucht nach einem Heim unter weit heruntergezogenem Reetdach hat selten mit bautechnischen Überlegungen zu tun, eher mit Wünschen nach einem Leben ›wie früher‹ im harmonischen Einklang mit sich selbst, den liebsten Mitmenschen, Haustieren und Blumen auf der eigenen Scholle.

Wer in einem ›Friesendorf‹ wohnt, schützt sein Haus vor Wind, Regen, Kälte und Hitze mit einer Mütze aus getrocknetem Schilfrohr, Heidekraut und Grassoden. Man muss allerdings tief in die Tasche greifen. Reet gleich Status. Es gibt Gemeinden wie Kampen auf Sylt, die für Neubauten vorschreiben, ausschließlich dieses Dachmaterial zu verwenden. So ändern sich die Zeiten. Im Mittelalter wurden die Schilfdächer in Städten wie Flensburg wegen der Feuergefahr verboten. Trotz der hohen Baukosten ist die Nachfrage so groß, dass deutsche Lieferanten sie nicht befriedigen können, das Material wird aus Rumänien, der Ukraine, der Türkei, Ungarn importiert. Immerhin beruhigt Reet das Umweltgewissen: Die gute Energieeffizienz dieser Dämmungsform trägt zur Energiewende bei.

Am Ende eines verträumten Spaziergangs auf den Wegen von Nebel steht fest: Auf gestylte Friesenhäuser der Luxusklasse müssen wir wohl verzichten, aber Reet muss sein. Für diesmal ›entscheiden‹ wir uns für ein verwunschenes rotes utländisches Häuschen, das schon bessere Tage gesehen hat.

> Die ersten noch fensterlosen Reethäuser entstanden vor etwa 6.000 Jahren in germanischen Siedlungen der Jungsteinzeit.

ALS DER TOD SICH IHRER ALTEN HÜTTE NÄHERTE

Nebel – Friedhof Sankt Clemens (32)

Seit mehr als 800 Jahren wird der von Friesenwällen aus Feldsteinen umschlossene Friedhof der Kirche Sankt Clemens in Nebel genutzt. Er ist ein ganz besonderer Erinnerungsort, denn er enthält eine Steinbibliothek: Auf 152 Grabstelen finden sich biografische Inschriften aus den Jahren 1678 bis 1858 sowie christliche und allegorische Symbole.

Zwischen dem 17. und 19. Jahrhundert ließen wohlhabende Familien ganze Lebensgeschichten ihrer Toten auf Sandsteine meißeln, die sogar für Historiker und Volkskundler von hohem Wert sind. Denn sie erzählen vom Leben der nordfriesischen Bevölkerung. Die Inschriften wurden auf Hochdeutsch verfasst, es gab zu jener Zeit keine friesische Schriftsprache. Witterungseinflüsse und Erdfeuchtigkeit setzten den teilweise gebrochenen Steinen zu. Deshalb wurden sie aufwendig von Profis restauriert, in einer Grabsteinallee für einen ›musealen Bereich‹ neu aufgestellt und mit QR-Codes versehen, die nicht nur den 600 Schulklassen, die jährlich die Insel besuchen, ermöglichen, sich an Ort und Stelle zu informieren.

Nun können wir wieder herzergreifende alte Lebensläufe studieren. ›Erst bekleidete der Ehemann als Zimmermann den Seeberuf ... Sie, die Ehefrau war von 1790 bis 1796 verheiratet mit dem Schiffscaptain Boy Jürgensen. ... Im Jahre 1837 folgte sie ihren beyden vorangegangenen Männern.‹ Oder: ›... haben 11 Kinder miteinander gezeuget ... und eine 55-jährig vergnügte Ehe geführt. Endlich hat der Tod sich zu ihre alten Hütte genahet, und ist zuerst der Ehemann abgefordert ...‹ Und hier das berührende Schicksal von Antje Tychsen: ›verehelicht 1810 mit Sönke Knudten, 1814 mit Ketel Nahmens und 1825 mit Hans Tychsen ward Mutter zu 3 Söhnen u. 3 Töchtern, deren nur ein Sohn erster und eine Tochter zweiter Ehe die Mutter überlebten. Das einzige Kind der letzten Ehe, ... ruht hier in den Armen der Mutter.‹

Sprechende Grabsteine findet man auch auf Friedhöfen in Morsum, Keitum und Westerland auf Sylt sowie in Boldixum, Süderende und Nieblum auf Föhr.

IM MEER GEBLIEBEN, NAMENLOS BEGRABEN
Nebel – Heimatlosenfriedhof

Viele Menschen lieben es, über Friedhöfe zu spazieren. Die Namen und Lebensdaten auf den Grabsteinen regen die Fantasie der Betrachter an. Heutzutage sind allerdings anonyme Grabwiesen und Friedwälder in Mode, die weltanschauliche Bedeutung von Namenlosigkeit hat sich gewandelt. Am südlichen Ortsrand von Nebel liegt ein außergewöhnlicher Ort der Stille und Besinnung, ein Friedhofsgarten, liebevoll gepflegt durch die Kirchengemeinde Sankt Clemens. Seine Geschichte ist zugleich eine des Wertewandels und wissenschaftlichen Fortschritts.

Auf einem kleinen Grundstück gegenüber der Erdholländermühle von 1771 befindet sich der Heimatlosenfriedhof, auf dem nicht identifizierbare Wasserleichen beerdigt wurden. Pastorin Friederike Heinecke verwendet lieber die zeitgemäße, ebenso in der Forschung gebräuchliche Bezeichnung ›Namenlosenfriedhof‹. 32 unbekannte Tote fanden hier ihre letzte Ruhestätte, der erste war am 23. August des Jahres 1906 an den Strand gespült worden, das letzte Finddatum auf einem der schlichten Holzkreuze datiert von 1969.

Früher hatte man angeschwemmte Körper in den Dünen oder am Rande des Gemeindefriedhofs begraben. Zu Beginn des 20. Jahrhunderts suchte man eine pietätvollere Lösung für ein christliches Begräbnis, allerdings ohne die fremden Verstorbenen zu ›integrieren‹. Warum das so war, erklärt der Hamburger Volkskundler und Kulturanthropologe Professor Dr. Norbert Fischer, der die Sozialgeschichte der deutschen Friedhöfe seit dem 18. Jahrhundert erforscht hat: ›Eine Bestattung der Gestrandeten auf dem christlichen Kirchhof verbot sich, weil Glaube und Herkunft nicht bekannt waren.‹ Nach 1969 verbesserte sich die forensische Identifizierung von Todesopfern, sodass heute kaum noch jemand namenlos in der Fremde beerdigt werden muss. Doch wer weiß – zwei Ruheplätze wären noch frei.

Der Sylter Heimatlosenfriedhof in Westerland ist größer, älter, ebenso gepflegt – und bei weitem nicht so schön wie der Amrumer Friedgarten.

CHRISTLICHER MUSLIM: DER OSMANE VON AMRUM
Süddorf (34)

Die Geschichte des Süddorfer Seefahrers Hark Olufs (1708–1754), 15-jährig von Piraten vom väterlichen Schiff Hoffnung nach Algier verschleppt und auf dem Sklavenmarkt verkauft, ist mehr als ein Abenteuerschwank. Gottseidank sorgte der Amrumer dafür, dass seine ›sonderbaren Avanturen‹ verschriftlicht wurden, nachdem er 13 Jahre nach seiner Verschleppung als reicher Mann zurückgekehrt war.

Hier die karge Nordseeinsel mit eisigem Wind und tosenden Sturmfluten, von Familien bewohnt, deren Männer im Frühling ins Ungewisse aufbrachen und im Herbst selten vollzählig zurückkamen. Dort in Algerien sengende Hitze, fruchtbares Land mit ›allerley Korn, Trauben, Mandeln, Datteln, Feigen, Granat-Aepffeln, Wasser-Limonien‹, mit ›gefraessigen‹ Löwen und Tigern, giftigen Schlangen und Skorpionen. Christliche Sklaven erwartete ein hartes Dasein. Der aufgeweckte und kräftige Junge Hark lernt Arabisch und Türkisch und macht Karriere am Hof des Bey von Constantine, zuletzt als Kriegschef der 500 Mann starken ›Leibgarde‹. Er verfügt über eigene Sklaven, Kamele, Schafe, Pferde und pilgert mit dem alten Bey wie ein Sohn nach Mekka.

Über seine religiösen Zugeständnisse an den Islam berichtet der ›verlorene Sohn‹ den Amrumern klugerweise wenig. Jedoch macht er keinen Hehl aus seiner Sympathie für die osmanische Lebensweise, trägt Pluderhosen und goldverzierte orientalische Gewänder, sogar zu seiner späten Konfirmation und evangelischen Heirat. Den Rest seiner Tage verbringt er ›von dem Getümmel und Unruhe dieser eitelen Welt entfernet‹ als Familienvater. Die übersetzte Autobiografie von Hark Olufs findet man auf der Website der Syddansk Universitet Kopenhagen. Eine Ausstellung im ›Maritur‹ (Naturzentrum) Norddorf und ein Sprechender Stein in Nebel vervollständigen seine Lebensgeschichte.

> Wie die Inselbewohner in früheren Zeiten gelebt, geschlafen, gekocht haben, kann man in den Stuben des Nebeler Museums Öömrang Hüs nachempfinden.

BEACH BOYS, BADEGÄSTE, BLAU GESTREIFT
Norddorfer Strand 35

Kurt Tucholsky ironisierte ihn als ›Aufbewahrungsort für Badegäste‹. Der Strandkorb ist ein Relikt des 19. Jahrhunderts, das auch im dritten Jahrtausend von deutschen Küsten nicht wegzudenken ist, während Engländer und Niederländer sich lieber in Liegestühlen aalen. Der Strandkorb ist eine deutsche Institution, deren englische und französische Übersetzungen ›beach chair‹, ›abri de plage‹ oder ›fauteuil-cabine‹ nicht annähernd des Pudels Kern treffen. Nun könnte man philosophieren über die ebenso ungenau übersetzbare deutsche Schrebergartenmentalität, deutsche Gemütlichkeit und deutsches Spießertum – Tatsache bleibt: Ohne Strandkorb keine Strandferien!

Auf Amrum ist der Service der sechs Strandkorbvermieter in Norddorf, Nebel und Süddorf besonders gut. Sie sind privatwirtschaftlich organisiert und konkurrieren um die Pole Position. Die Beach Boys sind bereit, ihre zentnerschweren Ungetüme auf dem Rücken weit ins Wunschidyll zu schleppen, bei Nichtgefallen des Standorts umzupositionieren, in stürmischen Nächten weg von der Wasserkante zu ziehen, morgens der Sonne zuzuwenden. Allein für den Norddorfer Strand hat man sieben Standorte zur Auswahl: Dünenseite, Wasserseite, Surfschule, Hundestrand-Dünenseite, Hundestrand-Wasserseite, FKK-Dünenseite, FKK-Wasserseite.

Stammgäste bestellen ihren Korb bereits von zu Hause aus, in der Lieblingsfarbe rot, grün, weiß, gar pink, innen gelb oder blau gestreift. Ein guter Gast denkt nicht geizig über Auslastungsverluste bei Regenwetter nach, sondern bucht für die gesamten Ferien, statt den Vermieter täglich zu bemühen. Und wer's noch nicht weiß: Ein typisch nordfriesisches Strandwohnzimmer ist wasserdicht, hat eine eckige Form, ein bis zwei Klapptischchen, zwei Fußablagen, eine Sonnenblende, eine bis zum Liebeslager verstellbare Rückenlehne und natürlich eine eigene Hausnummer.

> Das Burgenbauen und Grubengraben ist am breiten Amrumer Kniepsand erlaubt, an den schmaleren Sylter und Föhrer Stränden dagegen strengstens verboten.

DEN MENSCHEN EIN WOHLGEFALLEN – DEN STURMMÖWEN AUCH

Norddorf – Dünenweg

Nicht Wald, nicht Wiese, nicht Wüste, nicht Weide, nicht Strand, nicht Acker, nicht bergig, nicht flach – was mag das sein? Die Spazierlandschaft schlechthin für sinnesmüde Städter, für ausgebrannte Gemüter, für Ruhebedürftige. Westlich des Seeheilbades Norddorf liegt eines der schönsten Dünengebiete der Nordfriesischen Inseln. Der bis zu einem Kilometer breite Dünengürtel schiebt sich zwischen die nördlichen Marschwiesen und Rinderweiden, den westlichen Kniepsand und den Wald auf dem Geestrücken. Auf einer Länge von etwa zwölf Kilometern zieht er sich bis Wittdün.

Holzbohlenwege sollen im Interesse von Flora, Fauna und Küstenschutz die Menschen davon abhalten, in die Dünen zu springen, auf Sandberge zu klettern, Strandhafer zu knicken und Heide zu zertrampeln. Die Bohlenwege erleichtern es Familien mit kleinen Kindern, die Natur im eigenen Rhythmus zu erkunden. Auch ältere oder gehbehinderte Spaziergänger, die nicht Fahrrad fahren oder anstrengende Strandfußmärsche unternehmen können, freuen sich darüber. Beliebte kleine Ausflüge führen zum Quermarkenfeuer und zur mit 32 Metern höchsten Düne namens ›A Siatler‹, hochdeutsch Setzerdüne, zugleich die höchste natürliche Erhebung der Insel.

Im Zentrum des Naturschutzvereins Öömrang Ferian, kurz vor dem Norddorfer Strandübergang, erfahren wir, dass die Sturmmöwe bei Urlaubern bekannter ist als die Heringsmöwe, von der etwa 8.000 Paare auf der Insel brüten. Im Sommer brüten etwa 1.800 Sturmmöwenpaare in den Dünen. Das Zentrum bietet interessante Ausstellungen zu den Amrumer Lebensräumen und zur Geschichte. Dort lernen wir, dass die Heringsmöwe ihre Nahrung am liebsten auf offener See sucht und sich die Sturmmöwe als Allesfresser auch in die Nähe von Menschen wagt, um dort Essensreste zu erbetteln. Dreist klaut sie aber auch Knabberzeug und Brotreste!

Zur Zugvogelzeit rasten im Watt und in den Salzwiesen Hunderte von Goldregenpfeifern und Pfeifenten sowie 50.000 Knutts.

NACH DEM VOGELKIEK PFLAUMENSAHNETORTE
Amrumer Odde

Nach einem Spaziergang zum Vogelwärterhaus an der Nordspitze des Naturschutzgebiets Amrumer Odde zum Vogelwatching sind wir winddurchpeitscht und lungendurchlüftet. Heute keine Brandgänse zu sehen. Deshalb führt der Rückweg direkt ins Café Schult. Ein plüschiges Kaffeehaus mitten in Norddorf, mit köstlichen Torten, die zu schlemmen wir uns nicht verbieten wollen – friesisch hin oder her.

Ist es wichtig zu wissen, ob es die Friesentorte ›echt immer schon‹ gab? Sei's drum, die verzückten Geschmacksnerven verhindern weiteres Sinnieren über diese bedeutende Frage. Bei Schult schlug die Sahnebombe in Gestalt eines Bäckergesellen der 70er-Jahre ein. Karl-Heinz Breckwoldt habe seiner Tante Pheline eine Schichttorte kredenzt, das sei die Geburtsstunde der Friesentorte gewesen, berichtet Café-Besitzer Karsten Schult. Er macht kein Geheimnis aus dem Rezept: Man nehme mit Butter gebackenen Blätterteig, nie älter als einen Tag und von Hand ausgerollt (wichtig!). Zweimal mit einer Ringform ausstechen, das weniger schöne Teil als Basis auf einen Teller, hausgemachtes (wichtig!) Pflaumenmus darauf verstreichen, dann Sahne mit mindestens 33 Prozent Fett (wichtig!), Reste des Blätterteigs gleichmäßig auslegen, nochmal Pflaumenmus und dicke Sahneschicht kompakt verstreichen, Teigdeckel ebenfalls mit Ringform draufsetzen, etwas andrücken ›wie beim Mauern‹, Überstände abschaben, das Ganze mit Puderzucker bestreuen, Mandelmischung an den Rand streuen, Tortenstücke vorschneiden. Fertig!

Was sein Café-Geschirr angeht, ist Karsten Schult ebenso detailversessen wie bei der Friesentorte: »Es macht einen großen Unterschied, ob man seine Lippen bei Absetzen der Tasse über einen Pappbecherrand, einen unebenen dicken Rand eines Mugs rollen lassen muss oder über einen dünnen Tassenrand gleiten lässt.« Was wohl die Brandgans dazu sagen würde?

Die Amrumer Odde ist seit 1934 Naturschutzgebiet. Andere Amrumer Seevögelkieks: Kniepsand, Norddorfer Teerdeich, Norddorfer Marsch, Steenodder Kliff.

FERIEN ALS WALDARBEITER AUF AMRUM
Amrumer Wald

Wer Mitte oder Ende Oktober aus herrlichem Altweibersommer im bunten hessischen Mischwald nach Sylt gerät, erlebt geradezu einen Schock: kein Blatt an den ohnehin armselig wenigen Bäumen. Das Wäldchen aus Krummholzkiefern bei Klappholttal auf sandigem Boden im Naturschutzgebiet Nord-Sylt kam auf diese Weise zu seinem Namen: Klappholz, umgeknickte Bäumchen, zum Zwergendasein verurteilt. Auch auf Amrum gibt es diese gebeugten Windlooper, aber nicht ausschließlich. Amrum ist die forstreichste nordfriesische Insel, 200 Hektar, als Erholungsgebiet einsame Spitze.

›Einst waren große Eichenwälder an unseren Küsten, und so dicht standen in ihnen die Bäume, dass ein Eichhörnchen meilenweit von Ast zu Ast springen konnte, ohne den Boden zu berühren. ... Aber diese Wälder sind längst gefallen; nur mitunter gräbt man aus schwarzen Moorgründen oder aus dem Schlamm der Watten noch eine versteinte Wurzel.‹ Als Theodor Storm diese Zeilen 1871 schrieb, waren die Nordfriesischen Inseln weitgehend kahl. Die Forstflächen waren gerodet, die beiden großen Sturmfluten des 14. und 17. Jahrhunderts, der ständige Wind und die salzige Luft hatten den Rest erledigt.

1952 begannen die Amrumer, Teile ihres Heidelandes zwischen Dünen und Geest gezielt aufzuforsten, zunächst setzte man Kiefern, Fichten, Tannen und Lärchen in den sandigen Boden, die die Birken, Eichen, Erlen, Winterlinden von Wind und Wetter abschirmen. Es hat funktioniert, heute beschützt der Amrumer Wald die Insel vor Dünenwanderung und Bodenerosion. Seit der Orkan Anatol mit zerstörerischer Kraft über die Insel gebraust ist, beauftragt der Forstverband Amrum regelmäßig Freiwillige des überregionalen Bergwaldprojektes mit Aufforstung und Waldpflege. Die Helfer pflanzen viele Tausend Bäume und versehen diese mit Kunststoffspiralen gegen Kaninchenfraß.

Wer sich als Freiwilliger für das Amrumer Bergwaldprojekt melden möchte, findet Termine bei der Servicestelle in Würzburg. Kost und Logis sind frei.

WYKER DAMPFSCHIFFS-REEDEREI FÖHR-AMRUM ///
AM FÄHRANLEGER 1 /// 25938 WYK AUF FÖHR /// 0 46 67 / 9 40 30 ///
WWW.FAEHRE.DE ///

ADLER-SCHIFFE GMBH & CO. KG /// TICKETSCHALTER AN
ALLEN STATIONEN /// 01 80 / 5 12 33 44, 0,14 EUR / MIN. AUS DEM
FESTNETZ, MOBIL MAX. 0,42 EUR/MIN. /// WWW.ADLER-SCHIFFE.DE ///

MEERESBUSSE TRAGEN TOURIS TIDENABHÄNGIG ZUR TRAUMINSEL
Wyk auf Föhr – Hafen

Wer eine Schiffsrundfahrt oder gar ein Insel-Hopping durch die nordfriesische See plant, muss zunächst eine knifflige Planungsaufgabe lösen. Denn das Seegebiet ist streng aufgeteilt zwischen den drei großen Schiffslinien Adler, W.D.R. und N.P.D.G. (siehe Pellworm). Auf Föhr ist die Wyker Dampfschiffs-Reederei Föhr-Amrum zu Hause, deren Meereskolosse MS Schleswig-Holstein, Nordfriesland, Uthlande und Rungholt vor allem Autotouristen von Dagebüll und Schlüttsiel holen und nach Föhr, Hooge und Langeneß bringen. Die Seebusse Rüm Hart und Störtebeker bringen nur Mensch, Tier, Fahrrad und Koffer ans Ziel.

Zwischen Hörnum auf Sylt, Wittdün auf Amrum, Hallig Hooge und Strucklahnungshörn auf Nordstrand pflügt der Adler-Express rasant die See, dennoch ohne Turbulenzen. Er legt je zweimal am Tag an und bedient zwischendurch die Hallig Gröde. Wer von Föhr aus den Anschluss zum Adler-Express sucht, muss erst mit W.D.R. von Wyk nach Wittdün reisen und dort eine Weile warten.

Die anderen Wassertaxis der Adler-Flotte tuckern gemütlicher für diverse Ausflugsfahrten übers Wasser, die Adler V auch für Seebestattungen. Die Adler IV nimmt von Hörnum aus Kurs auf Föhrs Hauptort Wyk. Über den Untiefen westlich des Amrumer Kniepsands kann es schon mal heftig schaukeln, sodass einigen der bis zu 200 Passagiere der Magen rebelliert und der Weg an die frische Luft unfreiwillig zum Slalom wird. Kein Problem – der zuständige Crewmann geht durch die Sitzreihen, verteilt zwischen Kaffeetassen und Kuchentellern freundlich Papiertüten – und sammelt diese ebenso gutmütig lächelnd nach bestimmungsgemäßem Gebrauch wieder ein. Auf welche Weise er sie schließlich entsorgt, ist nicht bekannt. Spätestens nach dem Stopp in Wittdün hat das Schaukeln ein Ende, die alte Dame gleitet sanft übers Wasser.

> Im Winter fahren Fähren seltener, legen in Hooge fünfmal wöchentlich an, nur an Donnerstagen zweimal – Einkaufs- und Arzttag für die Halligleute.

KÖNIGS SOMMERFRISCHE, NORDSEEWALZER UND MONDÄNES LEBEN
Wyk auf Föhr – Strand

(40)

Viele Feriengäste, die am Wyker Hafen ankommen, verlassen schnellstmöglich die ›Hauptstadt‹ der zweitgrößten Nordfriesischen Insel und quartieren sich in einem der idyllischen Friesendörfer ein. Tatsächlich ist Wyk umtriebig, voller Cafés, Fischbuden, Neubauten – und Menschen. Beschauliche Ruhe findet man dort höchstens im Winter, denn in der Hauptsaison sind die rund 5.000 Gästebetten belegt, Campingtouristen nicht gerechnet. Bis Jahresende werden Urlauber und Kurgäste um die 500.000 Übernachtungen hier gebucht haben, ein Viertel aller Föhrübernachtungen.

Das erste Seebad Nordfrieslands ist heute noch beliebt und hatte sich schon 1819 mit 61 Gästen lange vor Westerland auf Sylt als Erholungsort profiliert. Schon der dänische König Christian VIII. (1786–1848), Herzog von Schleswig und Holstein, reiste in seinen letzten Lebensjahren sechsmal samt Hofstaat nach Wyk in die Sommerfrische. 1860 erschien König Frederik VII. einmal auf der Bildfläche, wenig später fiel Föhr an Preußen, und dessen Adel löste die Majestäten ab. Berühmter als die Könige blieb der dänische Märchendichter Hans Christian Andersen, der die beschwerliche Anreise in unerfreulicher Erinnerung behielt. Walzerkönig Johann Strauß Sohn dagegen komponierte Föhr zu Ehren den Walzer ›Nordseebilder‹. Wyk zehrt von seiner mondänen Geschichte, obwohl die frühe Meerblick-Bäderarchitektur in den Jahren 1857 und 1869 abbrannte. Ohne den Badestrand allerdings wäre Wyk ein x-beliebiger Kleinkurort. Der Sand beginnt unterhalb der Promenade und seine 2,5 Kilometer sind in 30 Abschnitte (für Nackedeis, Hunde, Nichtqualmer, Drachenfans, …) unterteilt.

Vom Strand aus blickt man auf die Anlegerbrücken, die Halligen in der nahen Ferne und das weite, weite Meer. Und dann findet der Geist doch Ruhe, selbst in Wyk.

⌘ Wyker Sehenswürdigkeiten: Sandwall, Glockenturm, Mühle, Aquaföhr, Funpark, Freigehege. Ein Muss: Sankt Nicolai Boldixum und Carl-Häberlin-Friesen-Museum!

IN WALD UND TEICH – WO LOCKVÖGEL ALS TODESENGEL FETT WERDEN

Boldixumer Entenkoje

Mit einem Schleudergriff bricht man den Enten das Genick – man nennt dieses Halsumdrehen ›Ringeln‹. Und so martialisch es auch klingt, gilt es dennoch als sanfte Tötungsart. Zunächst müssen die Vögel allerdings gefangen werden, dafür benutzt man den süßen, todbringenden Lockruf zahmer Enten. Der Begriff Lockvogel hat in der deutschen Sprache ein Gschmäckle, man assoziiert unwillkürlich Bauernfängerei, Täuschung, Betrug. Bei der Jagd jedoch spielen Lockvögel genau wie künstliche Schweißfährten eine wichtige Rolle.

Auf den Nordfriesischen Inseln waren Massenfanganlagen für Wildenten lange eine wichtige Einnahmequelle. Das Prinzip der ›Eendenkooi‹ stammt aus den Niederlanden. Vier der sechs Föhrer Entenkojen liefern heute noch Verzehrenten, die anderen sind Naturdenkmäler und dienen dem Vogelschutz und der ornithologischen Forschung. Auf Amrum entstanden zwei Fanganlagen, auf Sylt drei, auf Pellworm eine, die älteste war 1730 in Oevenum auf Föhr errichtet worden. Um den Erhalt der Kojen als regionale Kulturdenkmäler kümmert sich der Verein AktivRegion Uthlande; er organisiert auch Führungen.

Was ist eigentlich eine Entenkoje? Der Mittelpunkt einer solchen von einem breiten Wassergraben umgebenen Anlage ist ein Süßwasserteich mit Brutkörben, von dem sich gebogene ›Fangpfeifen‹ absspreizen. Die sich verjüngenden Wasseradern enden in Reusen mit Reetschirmen, hinter denen sich der Kojenmann verbirgt. In der Kampener Vogelkoje auf Sylt wurden zwischen 1767 und 1921 fast 700.000 Spieß-, Pfeif- und Krickenten erlegt. Die Kojenbücher der Amrumer Anlage zwischen Nebel und Norddorf verzeichnen 420.000 Entenfänge zwischen 1866 und 1936. Einige Betriebe gehörten Besitzergemeinschaften, in anderen gab es feste Fangtage für Dörfer und ein System mit Losscheinen. Föhr und Amrum betrieben sogar Konservenfabriken.

> Die Vogelkojen liegen in Wäldchen mit Pappeln, Moorbirken, Schwarzerlen, Ulmen, Eschen, Linden. Die Boldixumer Entenkoje liegt abseits vom Zentrum. Schönes Ausflugsziel!

FRIESISCHE DORFIDYLLE MIT WIESENKATHEDRALE
Süderende – Sankt Laurentii

(41)

Auf den Wiesen rund um Süderende grasen Hunderte von Schafen und Rindern, eine Beobachtung, die vortäuscht, das Dorf lebe noch von der Landwirtschaft. Tatsächlich gibt es nur noch drei Bauernhöfe. Süderende liegt im westlichen Föhr am südlichen Ende der Gemeinde Oldsum und ist in mehrfacher Hinsicht ein bemerkenswerter Flecken. So mancher Ortsvorsteher eines eingemeindeten Dorfes auf dem deutschen Festland könnte die plus minus 200 Einwohner der vor Witsum und Dunsum drittkleinsten Gemeinde Föhrs beneiden: Grundschule, Kindergarten, Sportplatz, Tennisanlagen inklusive Halle, Café, Gärtnerei und viele Ferienwohnungen. Der Dorfkern glänzt mit von Friesenwällen umgebenen reetgedeckten Schmalgiebelhäusern. Süderende ist stolz auf ein intaktes Dorfleben mit funktionierender Freiwilliger Feuerwehr. Überhaupt haben die Föhrer Gemeinden es nicht so weit kommen lassen wie die Sylter, deren Wohngebiete monatelang zu Geisterdörfern mutieren, in denen dann nur das Pfeifen des eisigen Windes zu hören ist. Abgesehen von den rund 3.000 jährlichen Gästen, die durchschnittlich acht Tage bleiben, lassen die meisten Inselbesucher Süderende links liegen, weil sie auf dem Weg zur ältesten Inselkirche Sankt Laurentii sind.

Was für eine norddeutsche Backsteinpracht auf grüner Wiese! Das romanische Fundament aus Granitquadern stammt von etwa 1150, ab dem 13. Jahrhundert erweiterte man die Kirche kontinuierlich mit Backsteinen und restaurierte sie witterungsbedingt. Das gewaltige Süderender Gotteshaus, zu dem sich einst auch die Gläubigen aus Oldsum, Dunsum, Utersum und Hedesum aufmachten, profitierte vom Reichtum der Föhrer Walfänger und Kapitäne. Seefahrer spendeten auch die drei edlen flämischen Kronleuchter. Einer von ihnen war der ›Glückliche Matthias‹. Der legendäre Walfänger erlegte 373 Wale.

🍰 Gegenüber von Sankt Laurentii befindet sich das Café Uun't Waanjhüs, idealer Stopp für Biker. Drinnen und im Garten gibt es Bienenstich und Friesentorte.

MUSEUM KUNST DER WESTKÜSTE /// HAUPTSTRASSE 1 /// 25938 ALKERSUM /// 0 46 81 / 74 74 00 /// WWW.MKDW.DE ///

FERRING STIFTUNG /// HAUPTSTRASSE 7 /// 25938 ALKERSUM /// 0 46 81 / 74 12 00 /// WWW.FERRING-STIFTUNG.NET ///

MUNCH, NOLDE, LIEBERMANN – NORDSEEGEMÄLDE AUF WELTNIVEAU

Alkersum – Museum Kunst der Westküste

›Vier Frauen und ein Mädchen am Meeressaum‹ nannte der dänische Maler Peder Severin Krøyer (1851–1909) sein Ölbild, das 1894 entstand. Der Betrachter kann sich leicht einfühlen in die Situation der auf ihre heimkehrenden Männer wartenden Frauen mit dem winkenden Kleinkind. Anders als die für Monate ausfahrenden Walfänger auf Föhr verdienten die Skagener Seeleute mit Küstenfischfang ihren Lebensunterhalt. Um den Impressionisten und Naturalisten Peder Severin Krøyer gruppierte sich die Künstlergemeinschaft der Skagenmaler, von denen mehrere Werke zur Sammlung des Museums Kunst der Westküste gehören. Die Generation der Skagener Freilichtmaler gehört zu den kunsthistorisch bedeutendsten Malern Dänemarks.

Das Kunstmuseum befindet sich in Alkersum in der Inselmitte auf der Grenze zwischen Geest und Marsch. Seine Sammlung und seine Architektur zählen zu den besten Norddeutschlands. Die Nordsee von Bergen in Holland bis Bergen in Südnorwegen ist die Hauptakteurin in dieser Schau. Die Basis der Sammlung, die in Salonhängung, das heißt dicht an dicht, die Wände füllt, bilden die Sammlerstücke des Stifters Frederik Paulsen (1909–1997), ein erfolgreicher Unternehmer, dessen Vorfahren auf Föhr lebten.

Die Einrichtung verfügt über mehr als 500 Gemälde und grafische Arbeiten aus der Zeit zwischen 1830 und 1930, ausschließlich Werke der norwegischen, dänischen, deutschen und niederländischen Kunst. Das Thema steckt im Namen ›Westküste‹. Die Namen können sich sehen lassen: Max Beckmann, Emil Nolde, Max Liebermann, Edvard Munch, Johann Christian Dahl, Anna Ancher, Michael Ancher und andere. Die regionale nordfriesische Malerei ist natürlich auch vertreten, zum Beispiel mit Föhr-Bildern des Secessionsmalers Otto Heinrich Engel und mit Landschaftsgemälden von Hans Peter Feddersen.

Die Präsenzbibliothek der vielfältig aktiven Ferring Stiftung in Alkersum umfasst 10.000 Bücher auf Deutsch, Friesisch, Dänisch, Englisch, Niederländisch.

VOM DORFGASTHOF ZUM SKANDINAVISCHEN HERRENHAUS
Alkersum – Grethjens Gasthof

(43)

Der Gebäudekomplex und der große begrünte Innenhof des Museums Kunst der Westküste fügen sich harmonisch in das dörfliche Bild Alkersums und die Geest-Marsch-Landschaft Föhrs ein. Alle im Museum Kunst der Westküste ausgestellten Motive sind meeresbezogen. Die idyllischen Landschaften, das ruhige, das tosende und das sich aufbäumende Meer, die Fische und anderen Meerestiere, die Gänse und die Möwen, die typisch nordfriesischen Bauten, das Arbeits- und Familienleben der Fischer, Seeleute und Küstenbewohner, die Gemeinderatssitzung, der Klönschnack, der Wochenmarkt, der Badebetrieb des späten 19. und frühen 20. Jahrhunderts, die Promenaden und die Strandreiter.

Ein wichtiges Element der Lebendigkeit des Kunstmuseums sind die vergleichsweise raschen Zyklen. Wer zu Ostern durch die Schau schlendert und im Oktober wiederkommt, wird ein verändertes Erscheinungsbild vorfinden. Die Exponate werden zweimal jährlich ausgetauscht, und es gibt einen rege wechselnden Reigen von Sonderausstellungen mit klassischer und zeitgenössischer Kunst, Videoinstallationen und Fotografien. Auf diese Weise sind permanent etwa 100 Exponate ausgestellt. Die Konzeption für die sechs Saalbauten mit 900 Quadratmetern stammt vom Architekturbüro Gregor Sunder-Plassmann. Durch Glasdächer und raumhohe Fenster strömt Tageslicht herein, ohne die Kunstwerke direkt zu beleuchten.

Zum Ensemble gehört auch der im Stil eines skandinavischen Herrenhauses aus der Zeit um 1900 neu errichtete Grethjens Gasthof, ein lebendiges Denkmal für die einst auf Föhr lebenden Künstler, die sich in der früheren Wirtschaft trafen. Der Name des Museumslokals bezieht sich auf Margaretha Dorothea Hansen. Die gebürtige Husumerin und Ehefrau des Föhrer Kapitäns und Kaufmanns Bastian Hayen führte das ehemalige Alkersumer Dorfgasthaus.

> Der Museumsgarten mit Caféterrasse übt einen eigenen Reiz durch einen Vexierspiegel aus, der das Gefühl vermittelt, mitten im Dorf zu sitzen.

WATTRITT INS WEITE GLÜCK DIESER ERDE
Alkersum – Reiterhöfe und Gestüte (44)

Alkersum allein rechtfertigt schon eine Reise nach Föhr oder zumindest einen Tagesausflug von einer anderen Insel aus. Denn Alkersum ist nicht nur ein Mekka für Kunstliebhaber, sondern auch für Pferdefreunde. In dem Friesendorf leben etwa 430 Menschen und rund 200 Pferde. Wen wundert's: Föhr gilt als die Pferdeinsel des Nordens. 850 Stuten, Hengste, Wallache vieler Rassen, darunter etwa 50 neue Fohlen jährlich, bevölkern das Eiland: Holsteiner Warmblüter und Friesen, Lusitanos, American Quatterhorses, Shetlandponys.

Der Lerchenhof in Wyk ist einer der ältesten Islandpferdehöfe Deutschlands. Auf dem Grevelinghof in Nieblum werden Paint Horses gezüchtet. In Alkersum ist eine der international bekanntesten Zuchtstätten von Trakehnerschecken in Deutschland zu Hause: das Gestüt Christiansen. Rundum grasen Fohlen und Jährlinge auf den Marschweiden. Lungenkranke Haflinger, Isländer und Shetlandponys können in der jod- und salzhaltigen Luft auf dem Gestüt Christiansen ›kurlauben‹. Für menschliche Feriengäste veranstaltet das Gestüt Wattausritte, Kutschfahrten, klassischen Unterricht und Ponyreiten für kleinere Kinder. Pferdekuren bietet auch der Reiterhof Jacobs in Alkersum. Pferdebesitzer können hier gemeinsam mit ihrem Vierbeiner Ferien machen. Fortgeschrittene dürfen an geführten Wattausritten teilnehmen. Ausnahmslos alle schwärmen von der Weite und dem Gefühl von Freiheit, das dabei aufkommt.

Ungeübte Pferdefreunde sehen vielleicht lieber als Zaungast bei einem der Ringreiten-Turniere zu, die zwischen Juni und August stattfinden. In Sonderwettbewerben dürfen auch Gäste versuchen, den an einer Schnur baumelnden Ring im Galopp mit einer Lanze zu durchstoßen – das sieht einfacher aus, als es ist, und hat schon manchen mutigen Ritter aus dem Gleichgewicht gebracht!

- ›Aussie‹-Welpen: Auf dem Gestüt Christiansen gibt es jedes Jahr einen neuen Wurf der gelehrigen Farmhundrasse Australian Shepherds zu bestaunen.

TYPISCHES FRIESENHAUS IN NIEBLUM.
EVANGELISCH-LUTHERISCHE GEMEINDE ST. JOHANNIS AUF FÖHR ///
25938 NIEBLUM /// 0 46 81 / 44 61 /// WWW.FRIESENDOM.DE ///

RESTAURANT ALTES LANDHAUS /// BI DE SÜD 22 /// 25938 NIEBLUM ///
0 46 81 / 25 72 /// WWW.ALTES-LANDHAUS-NIEBLUM.DE ///

IM FRIESENDOM RÜCKT
JOHANNES DER TÄUFER HERODES ZU LEIBE
Nieblum 45

Nieblum, Nebel, Keitum – welches ist das schönste ›Friesendorf‹ im nordfriesischen Wattenmeer? Drei in wirtschaftlich erfolgreichen Zeiten reich gewordene Dörfer, in denen Walfänger und Handelskapitäne im 18./19. Jahrhundert prächtige Friesenhäuser bauten. Drei Dörfer auf beliebten Inseln, über deren Katzenkopfpflaster und mit Meereskieseln angelegten Wegen Feriengäste in Scharen strömen.

Nieblum ist ohne Zweifel eines der schönsten Dörfer in Schleswig-Holstein. Anders als in den anderen Föhrer Orten betrieb man in Nieblum kaum Landwirtschaft, was einen Teil der exklusiven Ausstrahlung ausmacht. Allerdings verarmte Nieblum deshalb nach Ende der glorreichen Walfang-Ära und erblühte erst wieder mit zunehmendem Tourismus. In Nieblum leben rund 600 Menschen ständig. Etwa 20.000 Gäste logieren hier im Jahresverlauf, darunter passionierte Golfer, Reiter und Leute, die den 18-Loch-Platz, die gehobene Gastronomie, die Konzerte im Friesendom und das gepflegte Ambiente schätzen. 40.000 Menschen besichtigen den Friedhof und lesen die biografischen Inschriften auf den Grabsteinen.

Die wuchtige Kirche Sankt Johannis, noch größer als Sankt Laurentii in Süderende, passt gut ins stolze Nieblum. Seit dem 13. Jahrhundert bauten mehrere Generationen an dem kreuzförmigen Backsteinbau mit Halbrundapsis und frühgotischem Turm. Überraschend wirkt die übermannsgroße Holzfigur des Namenspatrons. Johannes der Täufer, langhaarig, vollbärtig, im Kamelhaarmantel, als Sieger auf einer viel kleineren, liegenden Herodesfigur im roten Königsrock, wahrhaftige Kirchenkunst – Bibelgeschichte ins Gegenteil verkehrt! Denn eigentlich verläuft die Story ja anders: König Herodes ließ Johannes verhaften und auf Wunsch seiner bösartigen Tochter Salome spaßeshalber köpfen. Umso erfreulicher ist die künstlerische Interpretation in Nieblum.

Auf Seefisch und Lamm hat sich das Alte Landhaus in Nieblum spezialisiert. Auch die Geschichte dieses Hauses lässt sich bis 1743 zurückverfolgen.

WO DER FLUSS VOR DEM MEER ZURÜCKWEICHT
Witsum – Traumstraße und Godelniederung

Sie heißt wirklich so, die fünf Kilometer lange, leicht hügelige Traumstraße von Nieblums Ortsteil Goting über Witsum, Hedehusum bis zum beliebten Utersumer Strand. Wer hier nicht ins Schwärmen gerät, dem ist nicht zu helfen. Der Blick schweift über die Salzwiesen der Godelniederung über die Nordsee nach Amrum.

Die Godel ist der einzige Süßwasserfluss auf einer Nordfriesischen Insel und mündet bald in die Nordsee. Bei Hochwasser und Sturmflut jedoch flieht sie zurück in die Wiesen, verfolgt und durchmischt von Salzwasser. Durch das hereindrängende Meer entstand die Godelniederung, in der sich Pflanzen ansiedelten, die auch mit salzigem Wasser klarkommen, zum Beispiel Sandastern, Halligflieder, Salznelken. Ein robuster Überlebenskünstler ist der Queller, ein grünes Gebilde, das wie ein Miniaturweihnachtsbaum ohne Nadeln aussieht und dessen Äste wirken, als hätten sie Gumminoppen statt Blätter. Der einjährige Queller ist ein rechter Masochist, den ganzen Sommer lang speichert er Salz, macht nicht den geringsten Versuch, es wieder loszuwerden (andere Pflanzen werfen ihre Blätter ab und bilden neue), und im Herbst färbt er sich rot und kippt um. Auf dem Sandhaken an der Godelmündung liegt ein Vogelschutzgebiet, das nicht nur Ringelgänsen und Knutts als Rastplatz dient, auch Goldregenpfeifer Uferschnepfen, Brachvögel kann man von oben beobachten.

Die Traumstraße führt durch das beschaulichste Dorf auf Föhr. Die selbstständige Miniaturgemeinde Witsum hat mehr oder weniger 60 Einwohner, in jedem Fall unter 70, und das ist entscheidend. In Schleswig-Holstein wählen so kleine Gemeinden keine Vertreter, sondern praktizieren eine Art Urdemokratie mit Versammlungen, in denen über alle Fragen gemeinsam beschlossen wird. Witsum hat noch ein anderes ›Highlight‹: den Salwert, ein 10,9 Meter hoher ›Berg‹ der Föhrer Geest. Holdrio!

Hedehusum, schönes Bauerndorf mit Naturstrand, gehört zum touristisch geprägteren Utersum. Ob Witsum, Hedesum, Utersum – Ferienwohnungen allerorten.

NATIONALPARKWATTFÜHRER DARK BLOME /// STRUNWAI 5 A ///
25946 NORDDORF AUF AMRUM /// 01 76 / 94 47 11 23, TGL. 19 – 20 UHR ///
WWW.DER-INSELLÄUFER.DE ///

NATIONALPARK-HAUS FÖHR /// HAFENSTRASSE 23
(IN DER AMTSVERWALTUNG) /// 25938 WYK AUF FÖHR ///
0 46 81 / 42 90 /// WWW.NPH-FOEHR.NATIONALPARKSERVICE.DE ///

IM NACKTEN NIRGENDWO ZWISCHEN HIMMEL UND ERDE
Von Dunsum übers Watt zur Amrumer Odde

Die kürzeste Verbindung zwischen der Amrumer Odde und Föhr beträgt nur zwei Kilometer. Wer eine der beliebtesten Wattwanderungen im Nationalpark mitmachen möchte, muss acht Kilometer schlängelnd um Untiefen herum von Dunsum aus zur Odde stapfen. Den genauen Weg kennt nur der Wattführer, auf dessen Begleitung man niemals verzichten sollte. Was dem leichtsinnigen Sologänger passieren kann, schilderte bereits vor 100 Jahren eindrucksvoll der naturalistische Schriftsteller Gustav Falke (1853–1916) in seinem Roman ›Der Mann im Nebel‹: ›Randers war mitten in den Watten. … Diese köstliche Salzluft. Diese kleinen zitternden Wellen in den flachen Rillen, wie erschauernd in der Morgenkühle, aber doch glänzend in Erwartung des Tages.‹ Überschwänglich, expressiv schildert Falke diesen Spaziergang in biblisch anmutender Schöpfungsprosa. Bis der Wattläufer in seinem Rausch jäh innehält – die Flut! ›Um ihn gluckste, quirlte und rieselte es, alle kleinen Rillen füllten sich mit Wasser, das wie aus dem Boden gedrungen auf einmal da war. Hinter ihm war ein dumpfes, murrendes Getön. Das Meer … drang in die Priele, griff mit blanken, gierigen Armen nach den Sandbänken, umklammerte sie, und legte sich auf sie mit seinem mächtigen, schillernden Leib. … Randers sah sich um, sah die weiße Brandung, sah dem blanken Hans in die gierigen Zähne.‹

An manchen Tagen kann man auf dem Weg nach Amrum über Wrackreste des 1825 untergegangenen Seglers ›City of Bedford‹ stolpern, dessen Oberkante hervorragt. Kurz vor Erreichen der Odde durchwatet man hüfthoch das Mittelloch, einen mit Pricken abgesteckten Priel. Es kommt vor, dass der Adler-Express von Wyk nach Hörnum nur in dieser Fahrrinne eng an der Amrumer Ostküste entlang genügend Tiefgang findet. Den Passagieren beschert das einen herrlichen Ausblick auf die Amrumer Odde.

> Viele Wattführer sind wandelnde Lexika, sie zeigen uns die ›Small Five‹: Wattwurm, Herzmuschel, Wattschnecke, Nordseegarnele und Strandkrabbe.

TRAGISCHE LEBENSGESCHICHTE – DER NAIVE MALER OLUF BRAREN
Oldsum

Das ursprünglich 15-teilige Bild ›Späte Haustrauung auf Föhr‹ zeigt eindrucksvoll die Föhrer Festtracht des frühen 19. Jahrhunderts, bunter als die heutige. Die schlechte Nachricht: Von diesem Kunstwerk wurden die zentralen Teile 1980 bei einem Großbrand im Hamburg-Altonaer Museum vernichtet!

Der 1787 in Oldsum als Sohn eines Schmieds geborene hochbegabte Oluf Braren entzog sich den väterlichen Wünschen, trat mit 19 Jahren eine Lehrerstelle auf Sylt an und heiratete die Archsumerin Meete. Mit ihr zieht er zurück nach Föhr, unterrichtet in Utersum, sammelt Fossilien, zeichnet Tiere – und malt Aquarelle. Oluf Braren war ein Naturtalent, dessen Bedeutung für die Frühgeschichte der Naiven Malerei erst Jahrzehnte nach seinem Tod gewürdigt wurde. Die zerstörte ›Haustrauung‹ gilt als bedeutendstes von 30 überlieferten Gemälden. Auch sein persönlichstes, eindringlichstes Bild verbrannte in Hamburg: ein Porträt seiner früheren Schülerin Ing Peter Matzen (1796–1866) in Tracht, mit ihren Kindern Gardina Christina und Peter Matthias.

Oluf war der Vater von Ings Kindern, es war den Liebenden gelungen, sieben Jahre ihre Beziehung zu verheimlichen. Vermittelt durch Ings Bruder durfte Braren sich in Wilhelm Tischbeins Eutiner Malschule umsehen. 1822 jedoch ist es aus mit dem unsittlichen Treiben des Utersumer Lehrers, zwar wird er nicht mit Schimpf und Schande fortgejagt, der Pfarrer von Sankt Laurentii protegiert ihn, aber er fristet fortan als Toftumer Hilfslehrer ein ärmliches Dasein und stirbt 1839. Ing ließ sich scheiden, der Sohn starb als Zweijähriger. Die kinderlose Meete teilte Olufs Los, überlebte ihn um 20 Jahre. Der ›sprechende‹ Grabstein in Süderende verschweigt die Existenz von Olufs Kindern. Lesenswert ist der im Husum Verlag neu aufgelegte historische Roman ›Olaf Braren‹ (1948) von Mia Munier-Wroblewski.

🖎 Die Trachtengruppe Oldsum tanzt in Festtracht mit Silberschmuck und weißer Schürze. Mehr über Trachten, Gebräuche und Geschichte im Friesenmuseum.

GRÜNER GRÜNT'S NICHT AUF FÖHRS MARSCHWIESEN

Marschland im Norden

Schnurgerade verläuft die Deichlinie, über der sich gerade ein Vogelschwarm in die Lüfte schwingt. Föhr trägt den Beinamen ›grüne Insel‹, Werber versteigen sich übermütig zu einer Charakterisierung als ›friesische Karibik‹. Branchentypisch wollen sie dem potenziellen Gast ein einzigartiges Alleinstellungsmerkmal vor Augen führen, und das ist ja auch legitim. Von ganz ungefähr kommt diese Idee nicht, denn Föhr hat tatsächlich klimatisch ein schwächeres Reizklima als Sylt und Amrum. Knapp zwei Drittel der nördlichen Inselfläche besteht aus flachem Marschland, Föhrs Süden dagegen aus leicht hügeliger eiszeitlicher Geest. Marsch beschreibt verlandetes Watt an Flachmeerküsten.

Das nördliche Föhr wurde 1523 mit einem 23 Kilometer langen Sommerdeich umschlossen, der in den 1790er-Jahren zu einem sturmflutsicheren Seedeich erweitert wurde. Erst in den 60er-Jahren des 20. Jahrhunderts siedelte man 50 Gehöfte im Marschkoog an. Bevor der Sommerdeich stand, konnten Schiffe in Prielen bis an die Lembecksburg aus der Wikingerzeit und bis Midlum heranfahren!

Heute hat sich das riesige Föhrer Marschland zwischen Deich und Geestrücken zu einem Mischgebiet entwickelt, mit ein wenig Ackerbau, immenser Weidefläche, die von Kühen, Pferden, vor allem von Schafen abgegrast wird. Ein Paradies für in Erdhöhlen brütende Brandgänse, Eiderenten, Kiebitze, Fasane, Feldlerchen, Grauammern und viele mehr. In den zweimal täglich überfluteten Salzwiesen der sogenannten Vorländer vor dem Deich wachsen wie auch in der Godelniederung Halophyten, also salzangepasste Pflanzen. Man kann Austernfischer, Seeschwalben, die seltenen Zwergseeschwalben, natürlich diverse Möwenarten und große Zugvogelschwärme beobachten. Ein Tag in der vermeintlich eintönigen Marschlandschaft vergeht äußerst kurzweilig, vor allem im Frühling und Herbst.

> Am Oldsumer Vorland steht von April bis September ein Bauwagen der Schutzstation Wattenmeer, in dem der Vogelwart während der Brut- und Zugzeit wohnt.

MEHR WASSER IN DIE MARSCH!

Midlum – Elmeere und Andelhof

Der hier abgebildete Alpenstrandläufer ist ein geselliges, monogames Vögelchen, das sehr alt werden kann und sich in großen Schwärmen gern im Schlick von Flachküsten aufhält, weil es da die leckeren Ringwürmer und Krebstiere verspeisen kann. Das flache Schwemmland der Föhrer Marsch dient Wiesen- und Zugvögeln als Brut- und Rastplatz und bietet seltenen Pflanzenarten einen Lebensraum. Diese Salzwiesen verlanden allmählich auf natürlichem Wege, weil sich durch die Meeresbewegung Sedimente an Pionierpflanzen ansetzen. Der Mensch jedoch neigt zu Ungeduld.

Im 20. Jahrhundert fand man Methoden, um das Marschland nach einer umfassenden Bodenreform schneller zu verlanden als zuvor. Die im Winter unter Wasser stehenden Marschen wurden mit Hilfe moderner Maschinen stetiger entwässert und man baute etwa 50 Gehöfte und siedelte Landwirte an. ›Dadurch kam es zwar zu Ertragssteigerungen in der Landwirtschaft, aber auch zur Verarmung der inseltypischen amphibischen Tier- und Pflanzenwelt‹, schlussfolgert der Artenschutzverein Elmeere, der sich seit 1993 für die Renaturierung der Marschflächen auf Föhr engagiert. Seine ökologische Triebfeder: Rund 20 heimische Vogelarten verschwanden in den vergangenen 50 Jahren fast vollständig von der Insel.

Es klingt absurd, den ›Fortschritt‹ rückgängig zu machen: Die Föhrer Marsch wird durch künstliche Vernässung wiederbelebt, damit sich feuchtigkeitsliebende Tier- und Pflanzenarten niederlassen können. Elmeere sammelt Geld und kauft Marschflächen auf, um sie zu renaturieren. Neue Teiche und wasserundurchlässige Kleiehaufen an den Grundstücksrändern ermöglichen das Wiederentstehen sumpfiger Gebiete und kleiner Wasserflächen. Mit Erfolg: Mehrere Libellenarten lassen sich wieder blicken. Bekassine, Säbelschnäbler, Rotschenkel, Uferschnepfe und andere Watvögel nehmen Platz im neuen Schlick.

Das Gebiet des Andelhofs direkt am Deich wurde in privater Initiative renaturiert. Es dient Naturfreunden als Beobachtungsstation und als Ferienquartier.

ENTDECKUNGEN DER LANGSAMKEIT BEIM LUSTTRAMPELN ÜBERS EILAND

Föhr umrunden – fünf Radtouren

Das wichtigste Utensil für Touren über die Insel Föhr ist ein Fernglas. Nicht nur zur Zeit der großen Vogelzüge gibt es viel in diesem Naturraum zu beobachten, wenn Tausende der fliegenden Wanderer auf den Wiesen am Rande des Wattenmeers rasten und brüten, oder wenn im Frühling die Lämmer mit ihren feinen Stimmchen meckern. Glücksgefühle könnten auch die Kulturschätze der Insel auslösen, sofern man sich bereit und offen für sie zeigt. Die ›grüne Insel‹ Föhr ist nicht riesig – 6,8 Kilometer breit, 12 lang und 82,82 Quadratkilometer in der Fläche. Die Eilandtouristiker empfehlen fünf Radtouren, die hilfreich bei der Gestaltung von Tagesausflügen sind.

Freien Blick über das Wattenmeer und die Föhrer Landschaft verspricht die kleine Tour ›Klaar Kiming‹ (15 Kilometer). Sie führt durch das Vogelschutzgebiet der Godelniederung, entlang der Wasserkante Richtung Dunsum mit Abstechern zum Naturstrand und zum Hedehusum Kliff. Den ›Föhrer Zeitzeugen‹ der Geschichte ist eine 22 Kilometer lange Strecke gewidmet, die an den Kirchen von Nieblum und Süderende vorbeiführt, die Hügelgräber in Goting, Hedehusum und Utersum streift, ebenso den Ringwall der Lembecksburg in Borgsum. Das Museum Kunst der Westküste liegt am aparten ›Kunstweg‹ (21 Kilometer) mit Galerien, Ateliers, Friesen-Museum, Wrixumer Mühle und dem Café Im Apfelgarten.

In der nördlichen Marschlandschaft stellen weidende Pferde, Kühe, Schafe und natürlich Vögel, Amphibien, Insekten und Pflanzen die Hauptattraktionen der Route ›Marsch-Viertel – die grüne Oase‹ (28 Kilometer) dar. Schließlich könnten hartgesottene Radler die 42 Kilometer lange ›Eilun-Tour‹ rund um die Insel ins Auge fassen. Die meisten Föhrer Sehenswürdigkeiten lassen sich auf diese Weise anschnuppern – für den nächsten Ausflug.

> Geocacher können ihr Hobby auch auf Föhr pflegen: Es gibt einige Caches mit Logbuch. Radtouren und Cache-Informationen unter www.foehr.de.

PROGRESSIVER ALTKATHOLIK
PREDIGT FÜR UNGLÄUBIGE UND ZWEIFLER
Nordstrand – Theresiendom

»Auch wer ungläubig ist, kann ein guter Christ sein.« Sein Ruf reicht nicht so weit wie einst der des famosen Keitumer Pastors Traugott Giesen auf Sylt. Allerdings war Giesen evangelisch-lutherisch, und Georg Reynders ist Gemeindepfarrer der 350 Altkatholiken in Schleswig-Holstein und Bremen. Der Prediger des Theresiendoms (1662) auf der Halbinsel Nordstrand ist ein origineller Kirchenvertreter. Er findet in seinen sonntäglichen Gottesdiensten ›für Ungläubige, Zweifler und andere gute Christen‹ eindringliche und verständliche Worte für eine religiöse Botschaft, deren Maximen in vielen Punkten moderner erscheinen als die Grundsätze der römisch-katholischen Kirche.

Der Rheinländer Reynders ist verheiratet und Vater, ursprünglich römisch-katholischer Priester, ein gütiger Menschenfreund. Seine gut besuchten Messen stellt er ungekürzt als Podcast ins Internet. In Deutschland gibt es rund 40 altkatholische Gemeinden. Die synodal strukturierte Kirche führt demokratische Pfarrerwahlen durch, erkennt den Papst, das Zölibat und die Beichtpflicht nicht an, lässt auch Priesterinnen zu, ebenso eine zweite kirchliche Heirat nach Scheidung. Sie entstand 1870 in der Folge des ersten Vatikanischen Konzils. Wobei die Geschichte der Nordstrander Altkatholiken viel weiter zurückreicht.

Zwanzig Jahre nach der großen Sturmflut von 1634, die die Insel Strand zerriss, kamen katholische Deichbauer aus Brabant, Flandern und Holland den Nordstrandern zu Hilfe. Der evangelische Herzog von Schleswig sicherte ihnen vertraglich freie Religionsausübung zu. 1723 spaltete sich das Erzbistum Utrecht, zu dem die Nordstrander Katholiken gehörten, von Rom ab – alle wurden exkommuniziert. Auf Nordstrand kam es zu einem Kirchenstreit, der 1866 friedlich endete: Mittlerweile in Preußen, durften die Römisch-Katholischen eine eigene Kirche bauen.

 Die römisch-katholische Grundschule der Gemeinde Sankt Knud überdauerte im Nationalsozialismus als einzige katholische Bekenntnisschule in Deutschland.

TÖPFERN WIE IN RUNGHOLT UND ROSENKONFITÜRE ZUM FRÜHSTÜCK
Nordstrand – Süden

51

Das Meer nimmt und gibt. Davon können die Nordstrander ein Lied singen, deren heutige Halbinsel bis 1634 den östlichen Teil der großen Insel Alt-Nordstrand bildete. Bis heute finden sich durch Sandverschiebungen im Watt alte Tontöpfe, Teller, Tassen und sonstiges Geschirr, vieles defekt, manches erstaunlich gut erhalten. Grau-Blau. Das ist die Farbe des Rungholt-Topfes, eines solchen Fundstücks, das der Nordstrander Töpferei zum Vorbild für ihre wichtigste Keramik-Serie dient.

Der Berufstöpfer Falk Petersen und sein Geschäftspartner Markus Borowski übernahmen vor einigen Jahren den erfolgreichen Betrieb von Lauri Jacobsen, eine der größten Werkstätten in Norddeutschland. Mit ihren neun Mitarbeitern führen sie ihr Handwerk nach anspruchsvollen Kriterien mit streng geheimen Ton- und Glasurrezepturen. Die Glasuren der mit friesischen Motiven bemalten Vasen, Schüsseln und anderen Gebrauchsartikel sind bleifrei, lebensmittelneutral, mikrowellen- und backofentauglich. »Alles Handarbeit«, betont Falk Petersen, ein fröhlicher junger Mann, der jedem Gast, ob Kunde oder nicht, eine Tasse Tee anbietet.

Es gibt noch mehr kreative Leute auf Nordstrand, die ihre Träume verwirklichen, zum Beispiel den Landwirt Sven Jacobsen, der seine Rinderweiden in einen großen Rosengarten verwandelte und dort 160 Sorten anpflanzte. Daraus produziert er Konfitüre. Wer hätte gedacht, dass es so zahlreiche Rosengeschmacksrichtungen gibt? Momentan sind zwölf im Angebot. Charles Austin schmeckt apfel-rosig, die pinkfarbene Rose de Resht natürlich kräftig, Madame Isaac Pereire üppig-fruchtig, Gräfin Hardenberg holunderbeerig und Lady like, wie könnte es anders sein, mild-rosig. Die schlechte Nachricht: Der Blumengarten ist nicht mehr öffentlich zugänglich, nur noch der Hofladen.

 Neben der Töpferei befinden sich die Nordstrander Teestuv und die Galerie ›Lat di Tied‹ (Lass dir Zeit) mit Kunst, Wohnaccessoires und Ledertaschen.

HALLIGWARTIN REITET ZUR ARBEIT
SIEBEN KILOMETER DURCHS WATT

Mit der Pferdekutsche von Nordstrand nach Hallig Südfall

Gunda Erichsen ist eine patente Frau. Aufgewachsen auf der Hallig Nordstrandischmoor, Köchin, Hobby-Ornithologin, erscheint sie wie geschaffen für ihren Job als Angestellte des Landes Schleswig-Holstein: Sie zählt und beobachtet im Sommer als Vogelschutzwartin für den Naturschutzverein Jordsand die Zugvögel und 15 Seevogelarten auf der Hallig Südfall. Einmal täglich darf eine Gruppe Touristen die Hallig und deren einzige Warft ansteuern. Dann verköstigt Gunda Erichsen die Wattwanderer, Kutschen- und Schiffspassagiere und erzählt aus dem Alltag des Halliglebens.

Ihr Mann Gomme Erichsen, gelernter Schiffbauer und Wasserbauwerker, kümmert sich um den Küstenschutz und hält die Gebäude in Ordnung. Die beiden Kinder der Erichsens gehen auf Nordstrand zur Schule, dort wohnt Gunda mit ihnen, außer am Wochenende und in den Schulferien. Täglich pendelt sie zu Pferd oder mit dem Traktor zur Hallig, natürlich tidenabhängig. Sie macht einen zufriedenen, fröhlichen, ja glücklichen Eindruck. Sie erklärt den staunenden Besuchern, dass das Leben auf einer Hallig trotz des häufigen Landunters im Winterhalbjahr ihr keine Angst macht, im Gegenteil: »Eingedeichte Inseln sind viel gefährlicher, wenn die mit Wasser volllaufen, ist das wie in einer Badewanne, wohin damit? Auf der Hallig, die höher als der Wasserpegel liegt, verschwindet es wieder.« Hallig Südfall ist 56 Hektar groß. Bis zur großen Halligflut 1825, bei der sämtliche Einwohner, zwölf Familien auf drei Warften, ums Leben kamen, waren es mehr als 230 Hektar. Der Küstenschutzwart befestigt vor allem die Kanten. Auf den Salzwiesen rund um die Warft darf zugunsten seltener Pflanzen und Tiere kein Vieh weiden. Warum Schleswig-Holstein so viel tut, um eine kleine Hallig vor dem Untergang zu retten? Weil die Hallig Südfall als bedeutender Wellenbrecher den Nordstrander Deich schützt.

⚓ Sieben Kilometer legen die Pferdekutschen von der Deichkrone Fuhlehörn aus durchs Watt zurück.

DIE HALLIGEN

GÄSTEINFORMATION NORDSTRANDISCHMOOR ///
RUTH HARTWIG-KRUSE /// 25845 NORDSTRANDISCHMOOR ///
0 48 42 / 3 73 /// WWW.NORDSTRANDISCHMOOR.DE ///

NATIONALPARK-STATION ARLAU SCHLEUSE – NATURKUNDEMUSEUM ///
NUMMER 42 /// 25856 HATTSTEDTER MARSCH /// 0 48 46 / 76 01 79 61 ///
WWW.BELTRINGHARDERKOOG.DE ///

ÜBERS WATT INS WÜSTE MOOR
Vom Beltringharder Koog zur Hallig Nordstrandischmoor

›Dat wüste Moor‹ – so lautet die freie Übersetzung des langen Hallignamens Nordstrandischmoor, die noch über einen zweiten Namen verfügt: Lüttmoor, Kleinmoor. Doch immerhin gibt es vier Warften (davon eine Zwergschule), eine Badebucht, eine autofreie Straße, einen Segelhafen, einen Schiffsanleger und den Gasthof Halligkrog. Nicht jede Hallig kann so klotzen. Im Gegensatz zur Hallig Südfall, die sich erst nach und nach durch Sedimentierung bildete, ist Nordstrandischmoor tatsächlich ein Gebiet, das von der Buchardiflut, der Zweiten Mandränke am 12. Oktober 1634, verschont blieb. Die große Insel Alt-Nordstrand zerbrach in dieser Nacht in vier Teile, wobei der gesamte mittlere Teil mit 6.000 Menschen und vielen Tausend Tieren komplett unterging.

Von Alt-Nordstrand blieben nun die neuen Halligen Lüttmoor und Hamburger Hallig übrig sowie die westlichen und östlichen Enden des Hufeisens, Pellworm und Nordstrand. Nordstrandischmoor hat sich seitdem erheblich durch die Weihnachtsflut 1717, die Halligflut 1825 und weitere Sturmfluten verkleinert. Erst seitdem Nordstrandischmoor eine steinerne Halligkante hat, leben die heute 18 Bewohner einigermaßen sicher, wobei die Hallig trotzdem etwa 30- bis 40-mal jährlich Landunter steht. Bereits bei einem Wasserstand von 75 Zentimetern über normalem Tidehoch wird die Hallig überspült. Am wahrscheinlichsten ist Landunter, wenn ein Sturmtief aus Südwest mit heftigen Böen das Wasser vor sich herschiebt. Auch bei Springflut, die drei Tage nach Neu- und Vollmond auftritt, läuft die Hallig oftmals voll.

Wer als Tagestourist nach Nordstrandischmoor gelangen möchte, muss sich der Socken entledigen und bei Ebbe übers Watt wandern, mit Führer, versteht sich. Ausgangspunkt ist hierbei der Beltringharder Koog – immerhin das größte Naturschutzgebiet Schleswig-Holsteins auf dem Festland, seit die Nordstrander Bucht 1986 eingedeicht wurde.

> Kormorane, Watvögel, Enten und Gänse sieht man auf einer Fahrradtour von Nordstrand über den Seedeich des Koogs nach Lüttmoorsiel. Wasser links und rechts!

VEREIN JORDSAND ZUM SCHUTZ DER SEEVÖGEL UND DER NATUR E. V. ///
0 41 02 / 3 26 56 /// WWW.JORDSAND.EU ///

STIFTUNG NORDFRIESISCHE HALLIGEN /// REBBELSTIEG 15 ///
25938 WYK AUF FÖHR /// 0 46 81 / 74 82 85 ///
WWW.NORDFRIESISCHE-HALLIGEN.DE ///

WIE TRÄUME IM NEBEL AUF DEM MEER – DIE KLEINEN HALLIGEN

Süderoog, Norderoog, Habel, Hamburger Hallig

›Endlich stieg ein grünes Eiland vor uns auf. Eine geflügelte Wache schien es zu umgeben; so weit man an dem Strande entlang sehen konnte, wimmelte es in der Luft von großen weißen Vögeln … Sie glichen einem ungeheuren schwebenden Gürtel, der das ganze Eiland zu umschließen schien; ihre ausgebreiteten mächtigen Flügel erschienen wie durchsichtiger Marmor am sonnigen Mittagshimmel.‹ Im Sommer 1869 unternahm Theodor Storm von Husum aus eine Schiffsfahrt nach Süderoog und verarbeitete seine Erlebnisse in der Novelle ›Eine Halligfahrt‹.

Storms schwärmerische Landschaftspoesie klingt heute leicht schwülstig, die Mini-Eilande im Wattenmeer jedoch faszinieren nach wie vor viele Menschen. Von Weitem gleichen die Warften ankernden Schiffen, im Abendlicht schimmern sie am Horizont wie vielversprechende Trugbilder, die sich in Luft auflösen könnten. Die kleinen der zehn Halligen im Nationalpark Wattenmeer liegen in der Naturschutzzone 1 und dienen dem Vogelschutz.

Storms mittlerweile durch Landschwund herzförmiges Ausflugsziel Süderoog darf laut Vorschrift der Nationalparkverwaltung ›nur über den Meeresboden wandernd von Pellworm aus‹ betreten werden. Beliebt sind die Wanderungen mit Wattbriefträger Knud Knudsen, der bei ablaufendem Wasser zweimal wöchentlich 90 Minuten nach Süderoog stapft. Ein Pächterpaar betreibt dort ökologische Viehzucht und Küstenschutz im Auftrag des Landes Schleswig-Holstein. Habel ist für Touristen gar nicht und Norderoog während der Brutzeit nur für den Vogelwart des Vereins Jordsand zugänglich, sonst von Hooge aus mit Wattführer. Die durch einen Damm am Festland verankerte ›Hamburger Hallig‹ ist leicht über den Sönke-Nissen-Koog zu erreichen, ein beliebtes Ziel für Radler und Wanderer, im Sommer gegen Maut sogar für Autofahrer. Sie dient als Schafweide und wird von Bienenzüchtern genutzt.

> Auf Norderoog veranstaltet der Verein Jordsand im Sommer Workcamps zum Uferschutz. Weitere Informationen bei der Stiftung Nordfriesische Halligen.

RUNGHOLT-GESELLSCHAFT /// WWW.RUNGHOLT-GESELLSCHAFT.DE ///
NORDSTRANDER INSELMUSEUM /// SCHULWEG 4 (KURVERWALTUNG) ///
25845 NORDSTRAND /// 0 48 42 / 4 54 ///
WWW.NORDSTRANDER-HEIMATVEREIN.DE ///

DIE MARCELLUSFLUT, DIE HALLIGGRÄFIN UND DIE OKARINAFLÖTE

Hallig Südfall

53

Südfall zählt zu den ›Vogelhalligen‹ wie Norderoog, Süderoog und Habel, die nur von Halligwarten, Postboten und geführten Gruppen betreten werden dürfen. Da, wo heute Wiesen- und Zugvögel in der Marsch brüten und rasten, lag höchstwahrscheinlich die legendäre Küstenstadt Rungholt mit vielleicht 1.000 Einwohnern. Rungholt ging in der Marcellusflut am 16. Januar 1362 unter. Die Hafenstadt gehörte damals zum ›Strand‹, einer von Prielen und Flussarmen durchzogenen Moorlandschaft, auf der sich Fischer, Bauern, Salzsieder und Handwerker reitend oder mit Ewern (flachen Segelbooten) fortbewegten.

Der Nordhewerstrom drang aus mehreren Gründen in den Strand vor: Das Land senkte sich durch exzessiven Torfabbau zur Salzgewinnung ab, der Meeresspiegel stieg, die Deiche waren zu schwach. Dann entstand Südfall durch Sedimentablagerungen auf höher stehendem Untergrund.

Nirgendwo im Watt hat man so viele Kulturspuren gefunden wie bei Südfall. Bei ersten systematischen Grabungen 1939 fand man Keramik, Leder und vermutlich Rungholts Kirchwarft. Als man 1963 neu begann, hatte die veränderte Strömung viel Beschriebenes zugedeckt.

Ab 1910 hatte Südfall eine skurrile Bewohnerin: die unverheiratete holsteinische Gräfin von Reventlow-Criminil. Sie ließ auf der Warft eine Villa bauen und zog mit Dienern, Pferden und Hunden auf die Hallig. Sie interessierte sich für die Rungholt-Forschung und kannte sich im Watt gut aus. 1943 rettete sie einem britischen Piloten das Leben, der über dem Wattenmeer abgeschossen worden war und nun flötespielend auf einer Sandbank saß. Die Töne der mittelalterlichen Okarina führten die 80-Jährige zu ihm, sie nahm ihn mit, bevor die Flut kam und er ertrunken wäre. 1954 verließ der Sarg mit der toten Gräfin, standesgemäß von vier Pferden gezogen, die Hallig übers Watt, zur letzten Reise in die Familienkapelle.

 Auf Nordstrand finden jeweils im August die Rungholttage mit Vorträgen, Lesungen und Wanderungen zu Spuren im Watt statt.

ALS DER WIND DREHTE
UND DER DÄNISCHE KÖNIG HURRA SCHRIE
Hallig Hooge – Hanswarft

54

Die Chronik von Hooge liest sich wie eine einzige Katastrophenliste. Marcellusflut, Buchardiflut, Halligenflut, Hamburger Sturmflut, all die namenlosen Sturmfluten nach Jahreszahlen sortiert, dramatische Erlebnisse, dazwischen mal ein Eiswinter, ein Königsbesuch – ein Sommerdeichbau. Letzteres 1911 bis 1915, seitdem geht es etwas weniger aufregend zu auf Hooge. Allerdings richten im 20. Jahrhundert weitere Stürme extreme Gebäudeschäden an. 1962 schaut Bundespräsident Lübke persönlich nach dem Rechten, kein dänischer König diesmal.

Friedrich VI. wartete 1825 bis Juli mit seinem Besuch, die Flut war schon im Februar über Hooge hereingebrochen. Und was passiert? Der Wind bläst heftig aus Nordwest, der König sitzt mit Gefolge fest. ›Die niedrigen Stellen wurden unter Wasser gesetzt, so daß der König einen Begriff vom Schicksal der Halligen in dieser Hinsicht erhielt‹, schreibt der Chronist. ›Bei seiner Ankunft und Abfahrt wurde er mit Jubel empfangen und entlassen. Er selbst rief zuletzt ein dreifaches Hurrah.‹ Den prächtigen ›Königspesel‹ mit dem Alkoven, in dem Friedrich in jener Nacht ruhte, müssen alle Touristen sehen. Der Pesel ist in friesischen Bauernhäusern die beste Stube, die nur für feierliche Anlässe und hohen Besuch geöffnet wird, im Unterschied zur Döns, der alltäglichen guten Stube.

Nach 1962 profitierte Hooge von einem Sanierungsprogramm des Landes. Häuser erhielten Schutzräume, Warften wurden erhöht, der Sommerdeich verbessert. Zugleich wandelte sich die Hallig strukturell, der Fremdenverkehr entwickelte sich zur wichtigsten Einnahmequelle, jetzt zahlt jeder Gast einen Halligtaler (ein Euro). Heute grasen Pferde und Schafe, dazwischen ein paar Galloway-Rinder auf den Weiden, es gibt weniger Salzwiesenflächen, dafür sogar Süßwasserpflanzen. Wenn ausnahmsweise im Sommer Landunter ist, geht alles kaputt. Hallig bleibt Hallig.

🛈 Das Sturmflutkino auf der Hanswarft hat 85 Plätze. Der 15-Minuten-Film zeigt Originalaufnahmen, auch von Landunter.

SANKT-JOHANNIS-KIRCHE /// KIRCHWARFT /// 25859 HOOGE ///
0 48 49 / 2 30 /// WWW.HALLIGKIRCHE.DE ///

DIE STILLE NACH DEM TOURISTENANSTURM IST EIN GESCHENK

Hallig Hooge – Backenswarft und Kirchwarft

Wenn man vom Schiffsanleger kommt, befindet sich rechter Hand auf dem ersten Grundstück der Backenswarft ein Fahrradverleih mit 300 Rädern. Wie halten die 113 Halliglüüd das bloß aus? 90.000 Tagesgäste im Jahr, 550 Betten meist belegt! Dagegen sind die 70.000 Ringelgänse im Frühling kleine Fische. Hallig Hooge ist herrlich – vor allem wenn die letzte Fähre verschwunden ist. Dann legt sich Stille über die Hallig, selbst die Schafe scheinen tief durchzuatmen und glotzen die Dagebliebenen etwas länger, etwas intelligenter an als sonst. Entschleunigung. Gelassenheit. Jetzt ist der richtige Zeitpunkt, die Kirchwarft und den Friedhof zu besuchen, der einst so stark überflutet war, dass Särge in Pellworm angeschwemmt und dort neu beerdigt wurden.

»Es gibt den Winter«, sagt Pensionswirtin Katrin Brogmus von Hus Halligblick auf der Backenswarft. Winter gleich Ruhe, Familienleben. Obwohl – die Pension schließt am 1. November, bis Weihnachten Renovierungsarbeiten, Silvester geht es schon wieder hoch her, ebenso zum Biikebrennen in der Woche des 21. Februar. Auf allen Inseln und Halligen hat sich die Erholungspause Winter, in der man unter sich ist, Nachbarn und Freunde trifft, friesische Traditionen pflegt, verkürzt. Saison ist fast immer.

Obwohl sich der Alltag weniger beschwerlich gestaltet als früher, verläuft das Halligleben nach anderen Rhythmen als auf dem Festland. Alles, Vieh, Autos, Möbel muss mit der Fähre übers Wasser nach Schlüttsiel. Im Winter legt sie fünfmal wöchentlich an (je nach Wetter), donnerstags zweimal, für Hooger der Festlandstag. Die Kinder gehen 15-jährig aus dem Haus, verlassen ihre Schule auf der Ockelützwarft und beginnen in Bredstedt ein selbstständiges Leben in Schülerwohngemeinschaften. Eine große Sorge treibt die Hooger um: Die Hallig altert, die gut ausgebildeten jungen Leute wandern ab.

Backsteine der Kirche (1637), auch Altar, Kanzel, Taufe stammen aus dem 1634 untergegangenen Kirchspiel Osterwold, aus Not verkauft von Überlebenden.

DER SCHWARZ-WEISS GEFÄRBTE AUSTERNFISCHER BRÜTET AN VIELEN NORDFRIESISCHEN KÜSTEN, AUCH VOR HALLIG HOOGE.

WATTENMEERHAUS HOOGE SCHUTZSTATION WATTENMEER ///
HANSWARFT /// 25859 HOOGE /// 0 48 49 / 2 29 ///
WWW.SCHUTZSTATION-WATTENMEER.DE ///

WIKINGER VOR HOOGE
UND TIERISCHE BEGEGNUNGEN
Hallig Hooge Watt 56

Im Hooger Watt auf Höhe der Volkertswarft Richtung Japsand-Bank wurden Wikinger-Siedlungsspuren aus dem 8./9. Jahrhundert gefunden. Auch aus hochmittelalterlicher Zeit entdeckten Archäologen rund um die Hallig zahlreiche Spuren früherer Kulturlandschaft, darunter viele Zeugnisse von Salztorfabbau und Aschehalden. Warften errichteten die Bewohner offenbar erst ab dem 11. Jahrhundert, weil der Meeresspiegel zu dieser Zeit anstieg. Nach Pellworm kam man bis ins 15. Jahrhundert zu Fuß, so lange, bis aus dem schmalen Priel Rummelloch ein reißender Strom geworden war.

Es ist schon erstaunlich, wie viele Forschungsdisziplinen sich in der kleinen Wattenmeer- und Halligwelt tummeln. Außer Geologen, Archäologen, Historikern, Ethnologen, Deichbauern und Ingenieuren finden vor allem Biologen und Naturschützer ein reiches Betätigungsfeld. Wie viele Ringelgänse fressen sich vor ihrem Weiterflug nach Norden oder Südwesteuropa hier Fett an? Wird die Pazifische Auster die heimische Miesmuschel überwuchern? Wie beeinflusst der Klimawandel die Brutzahlen von Seevögeln?

Rund um Hallig Hooge leben bis zu 2.000 Seehunde, eine sehr erfreuliche Nachricht, denn kurz vor dem Jagdverbot 1972 wären die freundlichen Tiere beinahe ausgestorben. Es ist ein ergreifendes Gefühl, im ersten Moment ein Schreck, wenn beim Baden im Meer plötzlich ein schnurrbärtiger Glatzkopf mit schwarzen Kulleraugen aus dem Wasser guckt. Wer das schon einmal erlebt hat, vergisst dieses Erlebnis nie wieder. Warum es genauso glücklich macht, einen Seehund begrüßt zu haben, wie bei Meeresleuchten nachts als glitzernder Engel in der See zu baden – keine Ahnung, die menschliche Seele ist ein Rätsel. Andere Menschen berichten von ähnlichen Lebenseindrücken beim Betrachten von Polarlicht.

> Wie zählt man Ringelgänse, ohne verrückt zu werden? Aus der Dichte von Kotschnüren pro Fläche lässt sich die Weidezahl hochrechnen. Kot alle vier Minuten.

EIN EIGENES BOOT KANN AUF EINER HALLIG OHNE LINIENVERKEHR ÜBER-
LEBENSWICHTIG SEIN.

MS SEEADLER, KAPITÄN HEINRICH VON HOLDT /// NEUER WEG 4 ///
25842 OCKHOLM /// 0 46 74 / 15 35 /// WWW.SEEADLER-HOOGE.DE ///

MS RUNGHOLT, KAPITÄN UWE PETERSEN /// WESTERWEG 4 ///
25899 GALMSBÜLL /// 0 46 67 / 3 67 /// WWW.HALLIGMEERFAHRTEN.DE ///

MS HAUKE HAIEN, KAPITÄN BERND DIEDRICHSEN ///
BREDSTEDTER STRASSE 35 /// 25813 HUSUM /// 0 48 41 / 8 14 81 ///
WWW.WATTENMEERFAHRTEN.DE ///

DIE HALLIGSTE MARSCH:
VIEL STRANDFLIEDER UND VIEL LANDUNTER
Hallig Gröde-Appelland (57)

Langer Name, wenig Land: 2,77 Quadratkilometer, davon ein Viertel Priele. Zwei Warften auf Gröde, Knudswarft und Kirchwarft. Siebter Kirchenbau in der Halliggeschichte. Keine Warft auf Appelland, deshalb verschwindet der Name allmählich aus dem Sprachgebrauch. Verlandender Priel zwischen Gröde und Appelland. 30 bis 40 Mal Landunter im Jahr. Gröde gilt als ursprünglichste der zehn Halligen. Die meisten Touristen besuchen sie zwischen Mitte Juli und Ende August, wenn der Halligflieder die Salzwiesen mit einer lilafarbenen Decke überzieht. 14 bis 17 Einwohner, im Winter 5 bis 8. Minizwergschule derzeit verwaist. Bei der jüngsten Kommunalwahl in Schleswig-Holstein hatte die Gemeinde mit 88,9 Prozent die höchste Wahlbeteiligung: 8 von 9 Berechtigten stimmten ab. Bei Bundestagswahlen gelangt die Hallig meist mit einer 100-Prozent-Meldung in die überregionalen Medien.

Das Problem mit Gröde: Wer die Hallig nicht im Eiltempo für anderthalb Stunden besichtigt, kommt am selben Tag nicht mehr weg. Schiffe legen nur bei Hochwasser an. Im Winter gibt es keine öffentliche Fährverbindung zum Festland, Wintergäste holt Claudia Mommsen mit dem Motorsegler ab.

Rund um Gröde versackten reihenweise Warften im Watt, denn die Hallig verlor bis zur besseren Sicherung des Ufers rasant an Land. Ein Messergebnis von 1802 zeigt, dass Gröde doppelt so groß und Appelland anders geformt war. ›Das Meer nimmt, das Meer gibt‹, heißt es seit alters. Zwischen der Marcellusflut von 1362 und dem 19. Jahrhundert soll es im nordfriesischen Wattenmeer bis zu 100 Halligen gegeben haben, viele unbewohnt. Zum Beispiel Appellands östliche Nachbarhallig Horst taucht auf der Alt-Nordstrand-Karte von Johannes Mejer 1649 noch auf, die dänische Generalstabskarte von 1858 weiß davon nichts. Dafür entziffert man dort zwischen Hooge und Gröde eine Beenshallig und eine Hainshallig.

Im Sommer steuern MS Seeadler, Rungholt und Hauke Haien die Hallig von Schlüttsiel aus an, Adler-Express ab Hörnum. Anruf beim Käpt'n lohnt.

VOM ALLMÄHLICHEN VERSCHWINDEN DER NAMEN

Hallig Nordmarsch-Langeneß(-Butwehl) 58

Die etwa zehn Kilometer lange Straße der flächengrößten Hallig säumen Weiden mit Schafen und Rindern, Zäune, zerklüftete Erd- und Grasschollen, Priele, kleine Brücken, 18 Warfen. Warf, das t sparen sich die Halligleute von Nordmarsch-Langeneß. Auch der erste Namensteil verschwindet allmählich, wie schon Butwehl, vor allem durch Landtribut an die See. Die drei Halligen gehörten im 13. Jahrhundert mit neun bis zehn anderen zur Wiedrichsharde, eine der Utlande-Regionen, die dem dänischen König Waldemar II. Abgaben schuldeten. Entlang der gesamten Südküste von Langeneß entdeckten Geoarchäologen besonders viele Spuren von Salztorfabbau, Salzköge mit Deichen und Salzsiederwarften aus dem 12. / 13. Jahrhundert.

Man wähnt, die Hallig sei ganz ländlich, aber es gibt mit einer Ausnahme nur Nebenerwerbshöfe. Sie erscheint weniger lieblich, weltabgewandter als Hooge, ruhiger. Wenn die ›Rüm Hart‹ mit Föhrausflüglern am Anleger festmacht, wartet Frerk Johannsen bereits mit laufendem Unimog. Die Zeit ist begrenzt. Bis auf wenige, die sich zum Fahrradverleih begeben, passt die ganze Schiffsladung auf die zwei Anhänger. Johannsen tuckert los – und rattert am schönsten Wohnhügel vorbei, der Ketelswarf! Dort befinden sich alte reetgedeckte Kapitänshäuser, das repräsentative Kapitän-Tadsen-Museum mit Pesel, Bileggerofen in der Küche und Döns (Alltagswohnstube). Auf der Ketelswarf steht das utländische Gertsenhaus von 1725 mit Schiffsausstellung und eine nachgebaute Bockwindmühle.

All das Schöne sieht die Unimog-Herde nicht. Sie wird auf die durchaus auch sehenswerte Honkenswarf gebracht, wo Ehefrau Helgard Johannsen schon mit dem Schlüssel zur Friesenstube wartet. Der Raum gefällt mit Delfter Kacheln und Mobiliar aus dem 19. Jahrhundert, teils älter. Und der Pesel? Ging beim Umbauen für Ferienwohnungen verlustig.

☞ Die Bildungsarbeit des Nationalpark-Seminarhauses beschäftigt sich mit nachhaltiger Landwirtschaft, Konsum und fairem Handel.

TOURISMUSBÜRO DER BIOSPHÄRE HALLIGEN /// HANSWARFT 1 ///
25859 HALLIG HOOGE /// 0 48 49 / 2 55 /// WWW.HALLIGEN.DE ///

DER LÖFFLER LÖFFELT GAR NICHT
Hallig Oland

59

Der majestätische Löffler aus der Familie der Ibisse, groß wie ein Graureiher, mit dem typischen Merkmal seines langen, spatenförmigen Schnabels, ist ein seltener Gast im Nationalpark Wattenmeer. Umso begeisterter sind Vogelfreunde darüber, dass sich eine Löfflerkolonie im Vorland der Hallig Oland gebildet hat. Der weißgefiederte, langbeinige Neubürger brütet in dieser Region erst seit dem Jahr 2000. Angelika Kühn von Oland, die der Schutzstation Wattenmeer als Vogelberingerin hilft, bezeichnet die Löffler als ›Gewinner des Klimawandels‹. Seinen Namen erhielt der Vogel aufgrund seines Schnabels, allerdings löffelt er damit gar nicht, sondern pflügt kopfpendelnd durchs Wasser, ähnlich dem Säbelschnäbler, dessen an der Spitze stark gebogener Schnabel seinerseits eher wie ein Löffel aussieht. Löffler bauen hohe Nester für ihre Jungen, damit diese das Hochwasser überleben. Nach der Brutzeit im Vorland, das man nicht betreten darf, rasten die Löffler bis zum Abflug in großen Trupps im Hauke-Haien-Koog und lassen sich sehr gut beobachten.

Oland entstand als älteste, bereits 1231 urkundlich erwähnte Hallig auf den Resten einer alten Kulturlandschaft, die 1362 durch die Marcellusflut zerstört wurde, dort ›angewachsen und aufgeworfen‹, wie es in einer alten Chronik heißt. Im 17. und 18. Jahrhundert verlor sie in Sturmfluten wieder viel Land. Zwei verschwundene Warften kann man genau lokalisieren: 400 Meter südlich der Oland-Warft lag die alte Kirchwarft, und südwestlich, nur 100 Meter hinter der Steinkante, die 1862 abgerissene Warft Piepe.

Als erste Hallig wurde Oland 1954 zusammen mit Langeneß ans Stromversorgungsnetz angeschlossen und ist mit Dagebüll am Festland und mit Langeneß durch eine Lorenbahn verbunden. Man erreicht sie per Wattwanderung oder mit Ausflugsschiffen. Oland hat 21 Einwohner.

✧ Oland, Langeneß, Gröde, Hooge und Nordstrandischmoor gehören zur Biosphärenregion Halligen. Lesenswert ist der private Gemeinschaftsblog ›Warftworte‹.

WO DAS WATT SICH BREIT MACHT, MÜSSEN SCHIFFE WEICHEN
Fähranleger Pellworm

Pellworm liegt in jeder Hinsicht abseitig. Das fängt beim Transportwesen an: Wer nach Pellworm reist, sucht Muße, und dafür braucht man vor allem Zeit. Ein altertümliches Gefährt der Neuen Pellwormer Dampfschiffahrts-GmbH (N.P.D.G.) bedient bis zu neunmal am Tag die Strecke Nordstrand-Pellworm und zurück. Das Ungetüm rauscht selbst mit schwerer Ladung aus Traktoren, Maschinen und motorisierten Familienkutschen erstaunlich rasch und wendig übers Meer. 35 Minuten Wasserfahrt trennen Welten voneinander. Wer auf Pellworm aussteigt, ist noch nicht angekommen. Am Tiefwasseranleger, der 1992 anderthalb Kilometer vor festem Boden platziert wurde und eine tidenunabhängige Anbindung ans Festland sichert, wartet punktgenau ein Bus. Und weiter geht's über die Mole ins einzige Pellwormer Dorf Tammensiel.

Pellworm hat nur Marschboden, keinen Geestkern wie Sylt, Amrum und Föhr, und ist rundherum von Watt umgeben, eine ungewöhnliche Situation, die sonst nur Halligen betrifft. Nun ja, eigentlich erfüllt Pellworm auch nicht die Kriterien für einen Inselstatus. Entwässerungsgräben überziehen die ganze Insel, damit das Regenwasser abgepumpt werden und bei Ebbe ablaufen kann. Tatsächlich liegt Pellworm einen Meter unter dem Meeresspiegel und kann theoretisch in einem heftigen Sturm volllaufen. Gegen diese Gefahr bekam das Eiland einen acht Meter hohen und 25 Kilometer langen Seedeich, die Häuser stehen auf Warften oder Sommerdeichen, welche die 13 Köge umschließen. Man erkennt das auch an den Straßenbezeichnungen: Nordermitteldeich, Junkersmitteldeich, und so weiter.

Die Krabbenfischer fahren von März bis November, es ist schwer vorauszusagen, wann sie in ihren Hafen vor Tammensiel heimkehren. Aber dann kochen sie die Porren, so werden die Nordseegarnelen genannt, und verkaufen sie direkt vom Kutter.

› Seefahrt tut not‹ lautet das Motto des Schiffahrtsmuseums im alten Dampferschuppen, das einer Gruppe von Seeleuten, Fischern und Seglern zu verdanken ist.

WARTEN AUFS WASSER AM GRÜNSTRAND
Pellwormer Badestellen 61

Geologen entwickeln Strömungsmodelle und prophezeien, dass der Japsand vor Hooge sich bis ins Jahr 2050 zum Rand des Norderoogsands vorarbeitet und Hallig Norderoog übersanden wird. Alle Sandbänke wandern offenbar Richtung Osten, der Süderoogsand bis zu 30 Meter im Jahr. Wenn das stimmt und der Norderoogsand sich auf Pellworm zubewegt – bekäme Pellworm dann in 100 Jahren eine Art Kniepsand wie Amrum? Geologe Ekkehard Klatt: »Ja, das ist möglich.« Bislang jedenfalls gibt es keinen Sandstrand auf Pellworm, die Strandkörbe an den Badestellen ruhen fest im leicht abschüssigen Gras zwischen Deich und Steinküste. Da sich das Meer zweimal am Tag für mehrere Kilometer zurückzieht, besteht die wichtigste Handlung des Badegastes darin, sich einen aktuellen Tidekalender zu beschaffen. Je eine Stunde vor und nach Hochwasser kann man direkt vor dem Grünstrand in der See schwimmen. Die See vor Pellworm könnte so manches Mal auch ›der See‹ heißen, so flach und ruhig ist das Wasser. Dennoch bleibt man bei ablaufendem Wasser lieber an Land, der Zug nach draußen kann erschreckend heftig sein.

Da die Nordsee hier weniger Wellenkapriolen schlägt als vor Amrum oder Sylt, ähnelt sie der Ostsee, aber was unterscheidet die beiden? Es ist der Salzgehalt, die Nordsee 3,5 Prozent durchschnittlich, die Ostsee 0,5 Prozent! Das östliche Meerwasser wird über große Flussmündungen von Oder, Weichsel, Memel und Düna mit Süßwasser gespeist. Das nordwestliche aber auch: Leie, Schelde, Rhein, Maas, Themse, Ems, Weser, Elbe, Eider. Jedoch ist das Binnenmeer nur durch die schmalen Arme des Kattegat mit dem Skagerrak verbunden, während das Nordseewasser vom Atlantik gut mit Salz durchmischt wird.

Das milde Klima (grundsätzlich ein paar Grad wärmer als auf den nördlichen Inseln), viele Sonnenstunden, hoher Salzgehalt prädestinieren Pellworm für Kuren und Thalassotherapien.

> Dies sind die teils bewachten Pellwormer Badestellen mit Duschen: Süderkoog, Leuchtturm, Kaydeich, Schütting, Alte Kirche, Hooger Fähre, Hörn und Bupheverkoog.

DER SCHIEFE TURM VON PELLWORM
Alte Kirche Sankt Salvator   62

Gottes Zeigefinger. Stehe ich direkt unter ihm neben der Sicherheitsabsperrung und blicke nach oben auf das zerklüftete Mauerwerk, beschleicht mich ein eigenartiges Schwindelgefühl. Er ist hoch, wuchtig, ein bisschen schief, und hin und wieder erkennt man ein vermauertes gotisches Fenster, überall treten Backsteine hervor, werfen kleine Schatten in der Sonne. Die Ruine lebt, es regt sich, piept und raschelt in den Nischen der Steinvorsprünge, die Vögel als Nistplätze nutzen, darunter Turmfalken. Die um 1280 errichtete Ruine soll angeblich 60 Meter hoch gewesen sein, was aber höchst strittig ist. Gesichert ist, dass der Kirchturm 1611 von 52 Metern Höhe auf seine heutige Größe von 26 Metern zusammenbrach. Bis zum Bau des Leuchtturms diente er Schiffen als Seezeichen, und nach wie vor gibt es auf den Inseln und Halligen Nordfrieslands kein markanteres Wahrzeichen als diesen alten Kirchturm.

Als die Alte Kirche vor 100 Jahren restauriert wurde, fand man unter dem Boden Reste von Eichenbalken, die das Fundament der um 1095 errichteten Vorgängerkirche gewesen sein könnten. Chor und Apsis von Sankt Salvator wurden aus rheinischem Tuffstein gemauert, wie auch der Dom zu Ribe. Das zeugt vom Reichtum der mittelalterlichen Pellwormharde – einer der abgabeverpflichteten Regionen der dänischen Krone.

Der Alte Koog, in dessen Norden Turm und Kirche stehen, gehörte zu den ältesten Gebieten des Strandes, vor 1362 bedeicht. Das Kulturland reichte noch weit nach Westen, die Kirche stand trocken und geriet erst im 18. Jahrhundert infolge neuer Sturmfluten in die heutige Randlage. Die Buchardiflut von 1634, in der die Insel Alt-Nordstrand größtenteils zerstört wurde, zog Pellworm zwar auch mächtig in Mitleidenschaft, aber die Alte Kirche überstand die Katastrophe, in der 19 von 22 Kirchen in Meer und Schlick versanken.

⌕ Seit 1711 besitzt die Alte Kirche eine der berühmten Arp-Schnitger-Orgeln, auf der im Sommer jede Woche europäische Musiker bei Kerzenschein spielen.

ÖKOLOGISCH ALTE HASEN – ENERGETISCH FREIE FRIESEN
Friesenhöfe

63

Die Landschaft Pellworms ist weit, luftig und großzügig. Nach Hochhäusern braucht man gar nicht Ausschau zu halten, es gibt keine. 32 Einwohner teilen sich, statistisch betrachtet, einen Quadratkilometer (Sylt 210, Amrum 111, Föhr 104). Etwa 50 Bauernhöfe, meistens in Alleinlage mit schmucken Bauten, prägen das Bild der Marschinsel. Drei Viertel der landwirtschaftlichen Flächen nutzen die Bauern als Weideland für Milchkühe, Mastbullen und Kälber. Aus der Gülle dieser Tiere wird Strom produziert, ebenso aus Mais, was sich auf das Gesicht der Insel auswirkt: Raps wird rar, Mais dominiert. Biomasse – ein umstrittenes Stichwort.

Pellworm macht tatsächlich konsequent mit Öko Ernst, und zwar schon lange und modellhaft. 1990 bildete sich der Verein ›Ökologisch Wirtschaften‹, der naturnahes Denken und Handeln nicht nur in der Landwirtschaft, sondern auch in Tourismus und Energieerzeugung vorantreiben möchte. Nicht jeder Pellwormer Bauer ist ein Ökolandwirt, immerhin bewirtschaften sieben Höfe 20 Prozent der Anbauflächen nach den Biorichtlinien (im Bundesdurchschnitt gut sechs Prozent), sie produzieren Futtergetreide, Milch, Rind-, Schweine- und Lammfleisch. Die Pellwormer ließen es dabei nicht bewenden. Als ›freie Friesen‹, so ein Slogan der 80er-Jahre, wollten sie autark sein und entwickelten ein fortschrittliches Konzept für regenerative Energieversorgung. Auf der grünen Insel betreibt die E.ON Hanse AG eines der größten Hybridkraftwerke für Sonnen- und Windenergie in Europa.

22,5 Millionen Kilowattstunden gewinnt Pellworm jährlich aus regenerativen Energiequellen, doppelt so viel, wie die Insel selbst verbraucht, der Überschuss geht per Seekabel ans Festland. Ein Fünftel stammt aus Biogas, ein Zehntel aus Sonnenlicht und der größte Teil mit knapp 16 Millionen Kilowattstunden aus der Windkraft.

Im Besucherzentrum am Solarfeld bei Tammensiel zwischen Nordermitteldeich und Junkersmitteldeich läuft die Dauerausstellung Erneuerbare Energien.

ZWEI SCHWARZWÄLDER REIF FÜR DIE INSEL: ERSTER OFFENER GARTEN

Clausenhof Waldhusentief

Im Nordwesten des Großen Koogs in der Inselmitte thront der 250 Jahre alte Clausenhof auf einer Warft, von Eschen, Weiden und Silberpappeln umgeben. Zu seinen Füßen dehnt sich die Wasserlandschaft des Naturschutzgebiets Waldhusentief. »Der Beekstrom entwässert einen großen Teil der Insel über die Schleuse am Tammensiel«, erläutert Inselhistoriker und Energiebeauftragter Walter Fohrbeck. Die Reste eines mittelalterlichen Prielsystems bilden die tiefste Stelle Pellworms. »Obwohl sie nur vom Regenwasser gespeist werden, bilden sie zum Teil Salzwasserbiotope.«

Der Clausenhof, auf dem schon lange keine Landwirtschaft mehr betrieben wird, gehört der Gartendesignerin Evelyn Thieme-Kienhöfer und ihrem Mann Alfons Kienhöfer. Als die Kinder groß waren, packte sie die Abenteuerlust. Kurz entschlossen gaben sie ihren idyllisch gelegenen Schwarzwaldhof auf und zogen ins Marschland. Evelyn machte sich daran, auf 8.000 Quadratmetern den ersten Besuchergarten auf einer nordfriesischen Insel anzulegen. Man kann viel von ihr lernen. Dass es wichtig ist, im Garten das Kleinklima zu beachten, zum Beispiel die Windrichtung. Dass Obstbäume mit einer ›Baumscheibe‹, traditionell mit Buchs und Stauden, besser gedeihen. Dass die Bauernhöfe auf Pellworm wegen des großen Ulmensterbens vor 20 Jahren so kahl stehen. Ich erfahre, dass die Pellwormer Bodenoberfläche wegen des Windes, Sonnenscheins und seltenen Regens trocken ist. Dass aber das Grundwasser der Insel hoch steht; deshalb legte die Gärtnerin im Küchengarten asiatische Hügelbeete an.

Die Gartenphilosophie der gebürtigen Freiburgerin lautet: »Großer Auftritt in der Bündelung, klotzen, nicht kleckern!« Sie schuf vier riesige, üppig bepflanzte Staudeninseln in Blauviolett, Dunkelrot, Pastell und Gelborange.

Die Pütten, kleine Seen im Südwesten der Insel, stehen auch unter Naturschutz. Sie entstanden bei Erdarbeiten für Deichbauten Ende des 18. Jahrhunderts.

FISCHREUSE, FLUSSBETT, FETHING: KULTURLANDSCHAFT IM WATT
Norderkoog

Es gibt keine wissenschaftliche Publikation über die Geschichte der Utlande und die Kulturspuren im Watt, die ihn nicht zitiert oder (manchmal notgedrungen) erwähnt. Der Experte Helmut Bahnsen ist Autodidakt in Sachen Strand und Rungholt. Wir treffen ihn an einem kühlen, windigen Frühlingsmorgen am Deich des Kleinen Norderkoogs und stapfen los: der Mittsiebziger, ursprünglich Fischer, später Küstenschützer, mit langen Schritten voran, die Gruppe rutschend und im Schlick staksend hinterher.

Helmut Bahnsen spaziert durch eine in seinem Kopf lebendige Kulturlandschaft mit Dörfern, Kirchen, Brunnen, Tieren, Menschen. Die dramatische Veränderung der utländischen Landschaft durch die Marcellusflut von 1362 bestimmte die heutige Gestalt der nordfriesischen Küste. Die Hafenstadt Rungholt ertrank, lebte fortan als nordfriesisches Atlantis in Legenden weiter, Alt-Nordstrand versank 1634. Das Faszinierende: Diese Story endet nie, das Watt lebt, die Strömungsveränderungen des Meeres fördern unverhofft neue Kulturspuren zutage, Keramik, Knochen, Handwerkszeug, Schuhe, Kochtöpfe. Sensationelle Erkenntnisse – einen Tag oder ein Jahr sichtbar, plötzlich weg, für ewig?

An diesem Tag im Watt zeigt uns Helmut Bahnsen eine klar erkennbare Fischreuse aus der Zeit vor 1362. Der Versuch, sie freizulegen, wäre erstens verboten, kein Laie darf gezielt im Watt buddeln, zweitens sinnlos, weil die Reuse kaputtginge oder die nächste Flut käme. Wir sehen Pflöcke in gerader Linie an einem 700 Jahre alten Flussbett, an dem einst Angler saßen. Bahnsen deutet auf Furchen, die das Watt durchziehen: alte, mit Torf zugeschüttete Entwässerungsgräben, schräg von jüngeren Kanälen, zwischen 1362 und 1634 angelegt, durchkreuzt. Torfabbruchstellen, ein Fething (Regenwasserspeicher einer Warft), Baumreste, hier stand einst eine Fichte.

> Themen, Termine und Dauer der geführten Wattwanderungen von Pellworm erfährt man im aktuellen Veranstaltungskalender und in der Touristeninformation.

RUNGHOLTMUSEUM BAHNSEN /// WESTERSCHÜTTING 2 ///
25849 PELLWORM /// 0 48 44 / 99 09 06 ///

TEE- UND WEINHAUS ANTICUS /// NORDERMITTELDEICH 6 ///
25849 PELLWORM /// 0 48 44 / 9 90 51 64 ///
WWW.ANTICUS-PELLWORM.DE ///

SCHÄTZE VERSUNKENER WELTEN, DIE DAS WATT FREIGIBT
Rungholt-Museum

Ein Glockenstück aus der Alten Kirche, bunte Scherben, Tonschalen, ein Lederschuh – Lebenszeugnisse einer im Watt versunkenen Welt. Das Rungholt-Museum, eins der kleinsten, reichsten und ungesichertsten Museen Europas! Ein Juwel. Ein Leben lang wanderte Helmut Bahnsen offenen Auges durchs Watt, betrieb private Studien und unterstützte Archäologen bei ihren Forschungen. Er schuf sein eigenes Museum.

Obwohl die Ausstellung nur aus zwei engen Räumen in einem ungeheizten Schuppen besteht, ist sie zum Bersten vollgestopft mit wertvollen archäologischen Funden. Für das ungeschulte Auge liegen sie kreuz und quer, weder zeitlich noch thematisch sortiert, auf schlichten Holzbrettern. Karten, verblichene Zeitungsausschnitte, Fotomappen, Forschungsberichte hängen an den Wänden oder liegen zur Ansicht bereit. Bahnsen kann zu jedem Stück seiner riesigen Sammlung, die bei Weitem nicht komplett in den Schuppen passt, eine Geschichte erzählen: Wo genau er es unter welchen Umständen gefunden hat, ob er es im Archäologischen Landesamt in Schleswig hat begutachten lassen, wie lange es dort blieb (bis zu fünf Jahre), was die Experten sagten. Dadurch erschließt sich der Ordnungsplan. Manche Scherbe lag 20, 30 Jahre in einer Schachtel und wartete auf ein Gegenstück, das ihre Identität enthüllte. Bahnsen ist geduldig. Und er liest alles, was ihm nützlich erscheint. Dann zählt er eins und eins zusammen und freut sich.

Man kommt aus dem Staunen nicht heraus: Kochtopf aus der Römerzeit. Topfstücke aus der Steinzeit. Fischschwanzdolch von etwa 1500 v. Chr. – aus Mangel an Bronze verwendete man Feuerstein, um Kopien herzustellen. Versteinerte Schlittschuhe aus Rinder- oder Schweineknochen, 13. Jahrhundert. Haufenweise Scherben von Küchenkeramik aus den unterschiedlichsten Regionen, Zeiten und Werkstätten.

 Der ideale Ort, um sich nach einer Wattwanderung aufzuwärmen, ist das Tee- und Weinhaus Anticus, auch empfehlenswert als Frühstückscafé, wenn's stürmt oder regnet.

WARFTEN AUS KLEI UND TORFRESTEN ZUM SCHUTZ VOR DEN FLUTEN
Inselmuseum

66

Zwölf friesische Flachsiedlungen aus dem 8. und 9. Jahrhundert werden auf Pellworm vermutet. Zunächst gehört die Region noch zum befestigten Land, 200 Jahre später bricht der Norderhever in das Gebiet ein, die Utlande verwandeln sich in eine amphibische Landschaft. Auf Pellworm entstehen die ersten Warften Ende des 11. Jahrhunderts, 150 der aus Klei und Torfresten aufgeschütteten Hügel sind bis heute erhalten und nach Auskunft des Inselhistorikers Walter Fohrbeck zwei Drittel davon bewohnt.

Das Pellwormer Inselmuseum wirkt von außen ganz unscheinbar. Es ist im Dachgeschoss der Kurverwaltung untergebracht, eines hübschen Reetdachhauses in Tammensiel. Und es ist eine Fundgrube an historischen Informationen über die geologische, politische, kulturelle und landwirtschaftliche Geschichte der Insel Pellworm und der sie umgebenden Utlande. Eine umfangreiche Objektsammlung zeigt anschaulich, wie sich das häusliche und öffentliche Leben auf den Warften, in den Küchen, Stuben und Ställen der Bauernhöfe, beim Torfstechen, Salzsieden und Fischen, in der Schule und rund um die Sturmfluten abspielte. Man sollte nicht versäumen, die großen Schubladen unter den Vitrinen zu öffnen: Darin verbergen sich weitere interessante Exponate.

Dem Thema Salz widmet das Museum besondere Aufmerksamkeit. Es wird erklärt, wie der Torfabbau in den Marschen und im Watt funktionierte, um daraus Salz zu gewinnen. Man erfährt Erstaunliches, dass nämlich die Friesen trotz der fatalen Folgen der Landabsenkung großer Flächen bis ins 18. Jahrhundert Torf stachen, allerdings nicht mehr direkt vor der eigenen Haustür. Jetzt segelten sie weiter raus ins Wattenmeer, warteten auf Ebbe und gruben dann den Salztorf aus. Wenn die Flut aufkam, fuhren sie zurück. An Land warteten schon die Frauen, um den Torf auf Karren zum Trocknungsplatz zu bringen.

☞ Die von Walter Fohrbeck erarbeitete Website des Inselmuseums ist spannend wie ein Roman und stellt auch Museen auf Sylt, Amrum, Föhr und den Halligen vor.

WARUM PELLWORM DIE SCHÖNSTE INSEL DER WELT IST
Radtour um Pellworm herum

Abschied liegt in der Luft. Man soll nach Hause fahren, wenn's am schönsten ist. Das sagt sich so leicht. Pellworm hat eine ganz besondere Ausstrahlung, wahrscheinlich ist es das Schüsselgefühl, das Menschen immer wieder herkommen lässt. Von jedem Punkt der Insel aus sieht man die erhöhte gerade Linie des Deiches, das beruhigt. Eine Fahrradtour führt kreuz und quer über Pellworm oder rundherum am Deich entlang – man kann sich schwerlich verfahren und sieht meist einen freundlichen Ankerpunkt in naher Ferne: den Leuchtturm, die Alte Kirche Sankt Salvator oder die Nordermühle. Nach zwei Tagen auf dem Fahrrad meint man, immer schon auf Pellworm gelebt zu haben.

Rund um die Insel begegnet man mehr Schafen als im gesamten bisherigen Leben. Sie grasen nicht grundlos vor allem an den Deichrändern. Diese lebenden Rasenmäher dienen dem Küstenschutz, weil sie mit ihren kleinen Hufen den Boden festtrampeln. Sie sind die heimlichen Herren Pellworms. Sobald man sich das klar gemacht hat, hört man auf, sich über die spießigen, teils eingezäunten Strandwiesenparzellen lustig zu machen, auf denen Badegäste in Körben hocken, Sonne tanken und aufs Wasser warten – während die Schafe außerhalb des Touri-Reservats frei grasen.

Die unglaubliche Weite einer flachen, aber begrenzten, überschaubaren Landschaft berührt das Gemüt und scheint in die Kindheit. Der hohe Himmel, nachts die Sterne, sichtbar ohne künstlichen Rückschein, denn auf Pellworm gibt es außer in Tammensiel und am Hafen keine Straßenbeleuchtung. Wurde schon erwähnt, dass Pellworm eine junge Insel ist? Kein Kindermangel: Hier leben etwa 160 Grund-, Haupt- und Realschüler, das sind 13 Prozent der Bevölkerung. Und übrigens, Pellworm – ach, das Buch ist zu Ende.

- Das Wattenmeerhaus ist nicht nur eine Schutzstation mit Meerwasseraquarium. Es gibt Café-Bistro, Ferienwohnung, Mehrbettzimmer, Campingplatz und Garten.

REGISTER

Ahlborn, Knud 45, 61
Alkersum 115, 117, 119
Amrum 75–103
Amrumer Odde 101, 125
Amrumer Wald 103
Andelhof 131
Beltringharder Koog 145
Bergwaldprojekt 103
Biikebrennen 29, 153
Blidselbucht 41
Boldixumer Entenkoje 111
Braderuper Heide 49
Braren, Oluf 127
Christian IV. (König von Dänemark) 25
Christian VIII. (König von Dänemark) 109
Clausenhof 175
Dunsum 113, 124–125
Ellenbogen (Sylt) 35
Elmeere 131
Erlebniszentrum Naturgewalten Sylt 31
Falke, Gustav 125
Föhr 104–133
Friedhof Sankt Clemens (Nebel) 91
Godelniederung 123, 133
Grethjens Gasthof (Alkersum) 117
Halligen 143–163
Hallig Gröde-Appelland 159
Hallig Habel 147, 149
Hallig Hooge 151–155
Hallig Nordmarsch-Langeneß 161
Hallig Oland 163
Hallig Norderoog 147–149
Hallig Nordstrandischmoor 145
Hallig Süderoog 147
Hallig Südfall 141, 149
Hamburger Hallig 147
Hansen, C. P. 25, 29, 59
Hedehusum 123, 133
Heimatlosenfriedhof (Nebel) 93
Helgoland 17, 69, 79, 83
Højer 51
Hörnum Odde 73
Japsand 155, 169
Kampen 13, 15, 17, 21, 23, 41, 45–49, 61, 63, 89, 111
Keitum 15, 21, 27, 53–55, 59–61, 67, 89, 91, 121, 137
Klappholttal 45, 53, 103
Kniepsand 79, 83–87, 97–101, 107, 169
Königshafen 23, 25, 35
Lakolk 37
List 21–37, 41, 45, 63, 71
Mann, Thomas 21, 47
Midlum 129–131
Møgeltønder 51
Morsum 63–65
Munkmarsch 51–55
Museum Kunst der Westküste 115, 133
Nationalpark 13, 41, 125, 147, 161–163
Nebel (Amrum) 79, 87–93, 97, 111, 121
Nieblum 89–91, 119–123, 133
Nolde, Emil 47, 115
Norddorf 95–101, 111
Norderkoog 177
Nordstrand 65, 107, 134–145, 149, 159, 167, 171, 177
Oldsum 113, 127–129, 133
Olufs, Hark 95
Palucca, Gret 33, 45
Panchos Burg 87
Pedersen, Carl-Henning 39
Pellworm 165–183
Ribe 23, 39
Rømø 27, 37
Rungholt 15–16, 107, 139, 149, 177–179
Sankt Clemens 91–93
Sankt Johannis (Nieblum) 121
Sankt Jürgen (List) 27
Sankt Laurentii (Süderende) 113
Sankt Martin (Morsum) 65

Sankt Niels (Alt-Westerland) 67
Sankt Salvator (Pellworm) 171
Sankt Severin (Keitum) 61
Schackenborg (Schloss) 51
Schutzstation Wattenmeer 73, 83, 129, 163
Skagenmaler 115
Steenodde 81, 101
Storm, Theodor 103, 147
Strauß, Johann 109
Süddorf (Amrum) 77, 95–97
Süderende 91, 113, 121, 127, 133
Sylt 19–73
Syltness 71
Tammensiel 167, 173–175, 181–183
Theresiendom (Nordstrand) 137
Tucholsky, Kurt 47, 97
Utlande 13–17, 161, 177, 181
Waldhusentief 175
Westerland 16, 21, 25, 27, 33, 53, 67–73, 91, 93, 109
Weststrand (Sylt) 13, 43, 55, 69, 73
Witsum 113, 123
Wittdün 77, 81, 85, 99, 107
Wyk auf Föhr 107, 109, 119, 125

LITERATURVERZEICHNIS

13–17: Dirk Meier / Hans-Joachim Kühn / Guus J. Borger: *Der Küstenatlas. Das schleswig-holsteinische Wattenmeer in Vergangenheit und Gegenwart*, Heide 2013, S. 91 u. a.

17, 73: www.schleswig-holstein.de/ Kuestenschutz und www.schleswig-holstein.de/Umwelt-Landwirtschaft

63, 73: Ekkehard Klatt: *Sylt. Geologie einer Nordseeinsel*, Neumünster 2006, S. 55. / *Sylt im Klimawandel*, Neumünster 2012, S. 38/40/98

21: Ferdinand Avenarius, in: Harry Kunz / Thomas Steensen: *Sylt-Lexikon*, Neumünster 2007, S. 26.

55, 125: Robert Musil, ›Die Sturmflut auf Sylt‹, Gustav Falke, ›Flut‹, in: Gregor Gumpert / Ewald Tucai, *Nordfriesland und seine Inseln*, Neumünster 2009, S. 133–136, S. 120.

61: Bruno Gaukel: ›Feiertag in Keitum‹, in: *Hamburger Abendblatt* vom 27.4.1950, S. 6.

63: Ekkehard Klatt:, *Sylt. Geologie einer Nordseeinsel*, Neumünster 2006, S. 55.

65: H. N. A. Jensen: *Versuche einer kirchlichen Statistik des Herzogthums Schleswig*. Flensburg 1840, S. 549f.

103, 147: Theodor Storm, ›Eine Halligfahrt‹, in: Karl Ernst Lage, *Theodor Storms Halligwelt und seine Novelle ›Eine Halligfahrt‹*, Heide 2009, S. 37, 45.

181: *Hamburger Abendblatt*, ›Ich will zurück zu meinem U-Boot‹, 8. Dezember 2006.

151: Günter Schirrmacher, *Hallig Hooge. Die Königin der Halligen*, Husum 2011, S. 42–44.

175, 181: Walter Fohrbeck, www.inselmuseum.de/inselnhalligen/pellworm/naturschutz/

189

AUF MÖRDERSUCHE IN IHRER NACHBARSCHAFT

»Ein atmosphärisch dichter Nordfriesland-Krimi um einen ungewöhnlichen Mordfall«

Eine Gewitternacht in Nordfriesland. Mit einer Harpune wird vor dem Herrenhaus Hoyerswort auf einen Mann geschossen. Der ungewöhnliche Mordfall führt das Team um Kommissar Jan Swensen in die internationale Surferszene, nach Dänemark und weit zurück in die Vergangenheit. Bei den Ermittlungen treffen die Kriminalisten auf Verdächtige aus drei Generationen. Wurde eine alte Rechnung beglichen? Oder spielten Eifersucht und Konkurrenz unter Surfern eine Rolle?

Wimmer Wilkenloh
Donnergrollen
ISBN 978-3-8392-1319-3

ENTDECKEN SIE WEITERE LIEBLINGSPLÄTZE!

Liebevoll ausgestattete Reiselesebücher mit individuellen Tipps, die Lust aufs Entdecken und mehr machen.

ISBN 978-3-8392-1253-0

ISBN 978-3-8392-1256-1

ISBN 978-3-8392-1170-0

ISBN 978-3-8392-1160-1

ISBN 978-3-8392-1557-9

ISBN 978-3-8392-1361-2

DIE SCHÖNSTEN ORTE MIT DEN AUGEN DES AUTORS BETRACHTEN – LASSEN SIE SICH ENTFÜHREN!

GMEINER